苦手パート完全克服

頻出126問+6つの基本戦略

TOEIC® TEST PART 3・4 1日5分集中レッスン

妻鳥千鶴子
Tsumatori Chizuko

松井こずえ
Matsui Kozue

田平真澄
Tahira Masumi

Jリサーチ出版

TOEIC is a registered trademark of Educational Testing Service (ETS).
This publication is not endorsed or approved by ETS.

TOEIC 受験者へのメッセージ

● TOEIC受験者は増えている

　インターネットの普及と共に社会は急速にグローバル化し、企業では英語力の重要性は高まるばかりです。TOEICの受験者数は、社会人や就職を控えた学生を中心に年間150万人を越えてなお増えており、本書を手にされている皆さんをはじめ、多くの方がTOEICのスコアアップを目指して勉強されています。

● 見せかけの解法テクニックは通用しない

　そんな中、多くのTOEIC本が出版されていますが、英語力とは関係のないテクニックに頼ったものが少なくないようです。しかし、"○○が聞こえたら、まずそれが正解"というような、見せかけの解法テクニックは、TOEICではほとんど通用しません。それどころか、限られた時間の中、余計なテクニックに気が取られ、英語に集中できず、結果としてスコアが下がってしまうこともよくあるのです。

● 本書で実践的なリスニング力をつける

　本書は、そのようなテクニックではなく、英語力アップを軸としたTOEICスコアアップを目指します。問題先読みな

ど、本書が勧める攻略法は全て、皆さんが実践的なリスニング力をつける上での練習プロセスでもあるのです。本書の練習問題で実践することで、ぜひ皆さんご自身のリスニング力が着実に上がっていくことを実感してください。また本書のコラムでは他にも役に立つリスニングの勉強法などを紹介しています。

● Part3・4で多彩なシーンの英語を知る

　TOEICは職場や生活の中でのシーンが中心です。特にPart3・4を勉強することで、リスニング力アップのみならず、交渉やプレゼンから劇場でのアナウンスまで、ビジネスや日常の様々なシーンでの実践的な会話や表現を知り、身に付けることができます。

　本書は『TOEIC® TEST　１日５分集中レッスン』シリーズのPart3、Part4編です。

　本書が、皆様のリスニング力アップとともに、グローバル時代を進む後押しとなりましたら、著者としてこれ以上の喜びはありません。

著者一同

TOEIC® TEST PART 3・4 1日5分集中レッスン

CONTENTS

TOEIC 受験者へのメッセージ ·· **2**
本書の利用法 ··· **6**

● Part 3 ··· **7**
Part3 を制するための4つの基本戦略 ·················· **8**
①最初をしっかり聞いて、会話の流れをつかむことが重要／②設問を先に読み、聞きとるべきポイントを頭に入れておく／③言い換え表現に慣れる／④選択肢も先に読み、会話文を聞きながら解答していく

Part3 でよく出題されるパターンと攻略法 ············· **10**
What で「何」を問うパターン／Where で「場所」を問うパターン／Who で「誰」を問うパターン／When で「日時」を問うパターン／Why で「理由」を問うパターン／How で「手段」を問うパターン

Lesson 1 ·· **12**
Lesson 2 ·· **20**
Lesson 3 ·· **28**
Lesson 4 ·· **36**
Lesson 5 ·· **44**
Lesson 6 ·· **52**
Lesson 7 ·· **60**
Lesson 8 ·· **68**

● Part 4 · · · · · · 77

Part4 を制するための 2 つの基本戦略 · · · · · · 78

①頻出テーマと特徴的な語彙に慣れておく／②聞き取れなくても不安にならない

Part4 でよく出題されるパターンと攻略法 · · · · · · 80

アナウンスの攻略／ニュースの攻略／ツアーガイドの攻略／スピーチの攻略／広告の攻略／メッセージの攻略

Lesson 9 · · · · · · 82
Lesson 10 · · · · · · 90
Lesson 11 · · · · · · 98
Lesson 12 · · · · · · 106
Lesson 13 · · · · · · 114
Lesson 14 · · · · · · 122
Lesson 15 · · · · · · 130
Lesson 16 · · · · · · 138

● 模擬テスト · · · · · · 147

Part3　解答ページ · · · · · · 148
Part4　解答ページ · · · · · · 153
Part3　正解・解説 · · · · · · 158
Part4　正解・解説 · · · · · · 173

Columns

①リスニングのコツ · · · · · · 76
②シャドーイングで練習 · · · · · · 146
③音読で向上させる英語の基礎体力 · · · · · · 188

本書の利用法

本書は TOEIC のリスニング・セクション Part 3 と Part 4 に絞って、集中的な訓練ができるように作成されています。Lesson は Part 3、Part 4 ともに8つずつで計16、1つの Lesson を1日5分程度の時間で進めることができます。

STEP 1

それぞれの Part の冒頭には、
スコアアップのための攻略法が紹介されています。
さっと目を通しておくだけでも、
問題を解く際に参考になるでしょう。

▼

STEP 2

CD を聞きながら、実際に問題を解いてみましょう。
それぞれの Lesson に設問が2題(6問)あります。
答え合わせをした後も、何度も音声を聞いて耳を慣らしましょう。

▼

STEP 3

学習の仕上げに「模擬テスト」にトライしてみましょう。
Part 3、Part 4 ともに15問ずつで構成されています。

自分のスケジュールに合わせて進めましょう。

- ●標準コース → (1日1レッスン　16日) + (模擬テスト)
- ●速習コース → (1日4レッスン　4日) + (模擬テスト)

CD マーク

CD 2 　トラック番号を示します。
　　　　音声はアメリカ人とイギリス人により吹き込まれています。

Part 3
4つの基本戦略

Lesson 1 ▷ Lesson 8

Part 3でよく出題される問題で構成しています。全部で8つのLessonがあり、1つのLessonには2題6問の設問があります。冒頭のイントロダクションで「解法のコツ」をつかんだら、さっそく問題に取り組みましょう。

イントロダクション

Part 3を制するための4つの基本戦略

戦略1 最初をしっかり聞いて、会話の流れをつかむことが重要

　Part 3の冒頭部分では、話し手が名乗ったり、何をしたいかなどキーポイントに言及する場合が多く、うっかり聞き逃すと会話全体の流れをつかみ損ないかねません。前の設問がわからなくてもそれを引きずらずに、問題毎に気持ちを切り換えて、会話の流れに集中することが重要です。

戦略2 設問を先に読み、聞きとるべきポイントを頭に入れておく

　いきなり会話を聞いて、内容を正確に全部覚えるのは大変難しいことです。しかし、設問を先に読むことで、「会話が行われている場所」「会議の開始時間」など"問われている内容"に的を絞って会話を聞くことができます。必要な情報をしっかり聞き取ることが、正解につながります。

　また、設問部分に重要なヒントが示される場合がよくあるので、設問を先に読めば、どんな会話かを予測することもできます。

例1 Who most likely is Mr. Jeong?
　　　→「ジョング」という名前が聞こえてくると予測して聞く。

例2 How much is the additional fee?
　　　→「追加料金」の話題が出ると予測して聞く。

　1つでも2つでも設問を先に読んでおいて、内容を予測し、聞き取るポイントを頭にいれて会話を聞けば理解度がぐっとアップしま

す。directions（問題指示）が放送されている間や次の問題に移る前に、ぜひ設問に目を通しましょう。

戦略3 言い換え表現に慣れる

Part 3では、言い換え（パラフレーズ）が多用されます。つまり、会話に出てきた語句や表現が、設問や選択肢では別の言い方で表されていることが多いのです。単語同士だけでなく発話全部が言い換えられる場合も多いので、会話の本筋は何か、何が言い換えられているのか、いつも意識して聞き、慣れることで正解にすぐ気づけるようになります。

例1 statistics（統計）→ **research results**（調査結果）

例2 "I can walk you there if you like."
（「よかったら、そこまで一緒に行きますよ」）

→ **The man offers to accompany the woman.**
（男性は女性と一緒に行くことを申し出ている）

戦略4 選択肢も先に読み、会話文を聞きながら解答していく

余裕があれば選択肢も先にチェックし、会話を聞き終わってからアナウンスに従って設問を解くのではなく、会話文を聞きながら設問を解いていくようにしましょう。設問の順序は基本的には会話の流れと一致しているので、選択肢まで先読みし、会話を聞きながら解答できれば、解答のスピードが上がって余裕が生まれスコアアップが期待できます。

※これらの基本戦略は Part 3 だけでなく、Part 4 でも役立ちます。

イントロダクション

Part 3でよく出題される パターンと攻略法

❑ Whatで「何」を問うパターン

What are the speakers discussing?（何について話しているでしょうか）のように、話題を問う設問が最もよく出題されます。話題は、最初の話者の発話を聞くことでわかる場合が多いので冒頭のやりとりを聞き逃さないようにしましょう。他に、What does the man offer to do?（男性は何をすると申し出ていますか）やWhat does the woman ask the man to do?（女性は男性に何をしてほしいと頼んでいますか）、What will the man do next?（男性は次に何をするでしょうか）などの頻出パターンに慣れておけば、設問の先読みも楽にできるようになってきます。

❑ Whereで「場所」を問うパターン

whereで始まる設問は、会話の中にあるヒントから答えを推測しなければならない場合がほとんどです。たとえば、「シングルの部屋を予約したいです」と言った女性に、男性が「何泊ですか」と尋ねているような会話の場合、話の中にhotelという語が出てこなくても、ホテルでの会話だと推測できます。会話の場面をイメージしながら聞きましょう。

❑ Whoで「誰」を問うパターン

Who most likely is the woman[man]?（女性［男性］はおそらく誰でしょうか）の設問が頻出パターンですが、ほとんどの場合、会話の中にあるヒントから答えを推測していかなければいけません。またその際、選択肢に職業名が並ぶので、さまざまな職業や職

位を表す語 manager（管理者）、banker（銀行家）、architect（建築家）などを覚えておきましょう。

❑ When で「日時」を問うパターン

when パターンの設問は、April 10 や at 10:30、on Friday、next month などのように短い語句の選択肢が多いので、設問を先読みしてから会話を聞くことで正解しやすくなります。ただし回答者を混乱させるため複数の日時が会話に出てくるので、注意して聞くことが必要です。

❑ Why で「理由」を問うパターン

Why does the man[woman]...?（男性[女性]はなぜ〜ですか？）の形でよく出題されます。基本的に設問で問われている人物が何らかの理由を説明するので、その人物の発話に注意して聞きます。その説明は間接的なものが多く、話中の語句・表現が、選択肢で別の語句・表現に言い換えられることが多いので注意しましょう。例えば、I'd like to know if the special showing on African Art is still being held.（アフリカ芸術の特別展が開催しているかどうか知りたいです）→設問：Why is the man calling?（なぜ男性は電話しているのですか）→答え：To ask about an exhibit（展示会について尋ねるため）などです。

❑ How で「手段」を問うパターン

How...?（どのように〜？）で始まる設問の答えのヒントは、ある程度会話が進んでから示され、会話のやりとりの中で答えが明らかになります。中盤から終盤にかけてもしっかり会話の流れについていけば正答することは難しくありません。

Lesson 1

Exercise 1

CD 2

1. Where most likely are the speakers?
   (A) In a movie theater
   (B) At a school
   (C) In a bookstore
   (D) At a warehouse

   Ⓐ Ⓑ Ⓒ Ⓓ

2. What information does the man request?
   (A) A progress update
   (B) A manufacturing target
   (C) A truck license plate number
   (D) A carton size

   Ⓐ Ⓑ Ⓒ Ⓓ

3. What does the man suggest?
   (A) Getting extra help
   (B) Shipping more goods
   (C) Canceling an inspection
   (D) Closing a building

   Ⓐ Ⓑ Ⓒ Ⓓ

Exercise 2

4. What are the speakers mainly discussing?
   (A) Office machinery
   (B) Business negotiations
   (C) Output targets
   (D) Software design

5. What is a result of the problem?
   (A) Fax pages have to be proofread.
   (B) Devices are too expensive.
   (C) Inventory is damaged.
   (D) Operations are interrupted.

6. Who most likely is Mr. Jeong?
   (A) A plumber
   (B) A supervisor
   (C) A supplier
   (D) A technician

Lesson 1

[正解・解説] Exercise 1 (Q1～Q3)

1. 正解：(D) ★

解説 話者達がどこにいるかという問題は、キーワードから推測する。この会話では、cartons...have arrived and been unloaded、they were afterwards stored、taking them off the trucks などの部分で、段ボール箱の到着、荷下ろし、格納のことについて話しているので、(D) 倉庫にいると考えるのが自然。

2. 正解 (A) ★★

解説 男性は1回目の発話で、荷物が届いて降ろされているか、届いているならちゃんと取り扱われているかを訪ねているので、荷物に関する進捗状況を知りたがっていることがわかる。このことを progress update で言い換えた (A) が正解。(B) については会話に出てこない。truck や carton など会話に出てくるが、(C)(D) も会話には出てこない。

3. 正解 (A) ★★

解説 男性は2回目の発話で、トムに手伝ってもらってはどうかと提案している。これを言い換えた (A) が正解。What about having Tom (from the team in the other building) assist you? には、What about (～してはどうですか) という提案の表現と、have ＋人 (Tom) ＋ 動詞原形 (人に～してもらう) という重要表現が含まれている。(B) については会話に出てこない。inspection や building につられて (C)(D) を選ばないようにしよう。

> スクリプト

Questions 1 through 3 refer to the following conversation.

M: Carla, do you know if the cartons we were expecting have arrived and been unloaded? If they have, I hope they were stored carefully afterwards because there is fresh food inside.

W: We're still in the process of taking them off the trucks. We're handling them gently and putting them directly into the refrigeration area as we do. It may take another hour to complete this because two workers called in sick.

M: I was hoping it would be done quickly so I could complete my inspection. What about having Tom from the team in the other building assist you?

設問 1 から 3 は次の会話に関するものです。
男性: カーラ、待っていた荷物は、届いて荷下ろしされたでしょうか。そうなら、ちゃんと保管されたでしょうか。中は生鮮食品なので。
女性: まだトラックから降ろしているところです。いつもどおり丁寧に取り扱っていますし、直接冷凍エリアに入れています。完了するまでにはもう1時間かかりそうです。従業員2名から病欠の電話がありましたので。
男性: すぐに終われば、私の検査もすむのですが。もう1つのビルにいるチームのトムに手伝ってもらうのはどうでしょう。

Lesson 1

選択肢の訳

1. 話者達はおそらくどこにいますか。
   - (A) 映画館
   - (B) 学校
   - (C) 本屋
   - (D) 倉庫

2. 何の情報を男性は求めていますか。
   - (A) 進行具合に関する最新情報
   - (B) 製造目標
   - (C) トラックのナンバープレート番号
   - (D) 箱のサイズ

3. 男性は何を提案していますか。
   - (A) さらに助けを得ること
   - (B) さらに商品を出荷すること
   - (C) 検査をキャンセルすること
   - (D) 建物を閉鎖すること

- carton 名 段ボール箱、容器
- store 動 ~を貯蔵する
- in the process of ~の最中［途中］である
- handle 動 ~を取り扱う
- refrigeration 名 冷凍、冷却
- area 名 地域、(一定の目的に使用される) 場所
- call in sick 病気で休むと電話する
- inspection 名 検査
- warehouse 名 倉庫
- update 名 最新情報
- unload 動 ~を降ろす
- gently 形 優しく、そっと
- complete 動 ~を終える
- assist 動 手伝う
- progress 名 進行

[正解・解説] Exercise 2 (Q4 ～ Q5)

4. 正解 (A) ★

解説 話題の中心を質問されている場合、決め手は通常最初にある。まず最初に Any idea if our fax machine can be operated now? とファックスが動いているかを質問している。技術者が見ていてすぐに使えるだろうと言う女性の返事に対し、新しいファクスを買えるかという話をしているので、話題の中心は fax machine であることがわかる。これを言い換えた (A) office machinery が正解。

5. 正解 (D) ★★★

解説 質問の the problem はファクスが動かないこと。その結果の1つを質問している。男性が2回目の発話で、よく故障することを指摘し、It really holds up business. と仕事の妨げになると言っているので、これを Operations are interrupted. と言い換えた (D) が正解。

6. 正解 (B) ★★

解説 ジョングさんの名前は女性の発話2回目最後に出てくる。As a department head が決め手で、これを supervisor と言い換えている (B) が正解。(D) は現在ファクスを修理している人として使われている単語なのでひっかからないように注意。選択肢の単語はいずれも TOEIC 頻出なので、すぐに意味がわかるよう覚えておこう。

Lesson 1

スクリプト

CD 3

Questions 4 through 6 refer to the following conversation.

M: Any idea if our fax machine can be operated now? It hasn't been working since 8:30 this morning and I am expecting some faxed documents from our inventory manager.

W: It's still broken, but the technician is looking at it. It should be ready to use very soon.

M: I wish we could just buy a new one. Ours breaks down so often. At times like this, we have to wait around until someone comes to fix it. It really holds up business.

W: Yes, I know. Maybe we should just ask Mr. Jeong to get it replaced. As department head, he has the authority to do that.

設問 4 から 6 は次の会話に関するものです。

男性: ファックスの機械は今使えるでしょうか。今朝の8時半から作動していないのですが、在庫管理者からファックス書類が入るはずなのです。

女性: まだ壊れていますが、技術者が見ているところです。すぐに使えるようになるはずです。

男性: 新しいのが買えたらいいのですが。しょっちゅう調子が悪くなっていますよね。こんな時に、誰かが直しに来てくれるのを待たなくてはならないなんて。仕事の妨げになります。

女性: 本当ですね。ジョングさんに取り替えてもらうようにお願いすべきかもしれません。部門長として、彼にはそれをする権限がありますので。

選択肢の訳

4. 話者達は主に何を話し合っていますか。
   (A) 事務所の機械
   (B) 商売の交渉
   (C) 生産高目標
   (D) ソフトウエアのデザイン

5. この問題から起こっている1つの結果は何か。
   (A) ファクス文書は校正されなければならない。
   (B) 機器は高価すぎる。
   (C) 在庫に損害がある。
   (D) 作業が中断されている。

6. ジョングさんはおそらく誰でしょう。
   (A) 配管工
   (B) 監督者
   (C) 供給者
   (D) 技術者

- **inventory** 名 在庫
- **break down** 壊れる、正常に機能しなくなる
- **hold up** 妨げる、〜を遅らせる
- **output** 名 生産(高)
- **plumber** 名 配管工
- **replace** 動 〜を取り替える
- **interrupt** 動 〜を中断する、妨げる

Lesson 2

Exercise 1

CD 4

7. What are the speakers mainly discussing?
   (A) City planning
   (B) A facility's location
   (C) Book publishing dates
   (D) Store size   Ⓐ Ⓑ Ⓒ Ⓓ

8. What does the man offer to do?
   (A) Write down a street name
   (B) Accompany the woman
   (C) Walk to the bank
   (D) Wait for another 45 minutes   Ⓐ Ⓑ Ⓒ Ⓓ

9. What is a concern of the woman?
   (A) Buying modern electronics
   (B) Using a nearby parking garage
   (C) Arriving during business hours
   (D) Finding a tourist map   Ⓐ Ⓑ Ⓒ Ⓓ

Exercise 2

10. Why is the man calling?
- (A) To request some changes
- (B) To cancel an appointment
- (C) To provide feedback
- (D) To check on prices

11. Who most likely is the woman?
- (A) A bank teller
- (B) A desk clerk
- (C) A convention planner
- (D) A security officer

12. How much is the additional fee?
- (A) Four dollars
- (B) Nineteen dollars
- (C) Eighty dollars
- (D) Eighty-five dollars

Lesson 2

[正解・解説] Exercise 1 (Q7～Q9)

7. 正解 (B) ★

解説 まず女性が how to get to ... で行き方を質問している。次に男性が道順を説明しているので、話題の中心は、ある場所（Simmons Bookstore）への行き方。それを facility's location と言い換えた (B) が正解。他に A is located ...（Aは〜にある）といった表現も覚えておきたい。女性が行きたいのは書店であることから、本に関連する (C) や店に関連する (D) と混乱しないように注意しよう。

8. 正解 (B) ★★

解説 男性は1度発話しており、その中で道案内以外に I can walk you there if you like. と言っている部分が、相手に対する申し出である。これを accompany（同行する）を使って言い換えた (B) が正解。他の選択肢は、street、bank、45 minutes が会話の中に出てきているので、ひっかけを狙ったもの。

9. 正解 (C) ★★

解説 女性は、行き方がわからなかったこと以外には、I just hope it's still open when I get there! と自分が着いたときに本屋がまだ営業しているかどうかを心配している。(C) では open を business hours と言い換えている。(B) の parking garage は道案内で出てくる単語、(D) の tourist map も道案内中にここですよと地図上で示しているところで使われている単語で、女性が心配していることとは関係ない。

|スクリプト|

Questions 7 through 9 refer to the following conversation.

W: Could you tell me how to get to Simmons Bookstore on Beech Avenue? I'm not sure if I'm going in the right direction.

M: You need to go further north about four blocks and then cross the street. It's three blocks before Kingsbridge Bank, near Lloyd's parking garage. It's right there on your tourist map. You'd better hurry, though. It'll only be open for another 45 minutes. I can walk you there if you like.

W: Thanks, but I can go on my own. I just hope it's still open when I get there!

設問 7 から 9 は、次の会話に関するものです。

女性: ビーチ通りにあるシモンズ書店への行き方を教えてくださいますか。この方向で合っているのかどうかわからなくて。

男性: 4区画ほどさらに北へ行き、そこで通りを渡らなくてはいけません。キングズブリッジ銀行の3ブロック前で、ロイズ駐車場の近くです。観光地図の、ちょうどここです。急いだ方がいいですよ。あと45分しか営業時間がありません。よかったら、そこまで一緒に行きますが。

女性: ありがとうございます。でも、自分で行けますので。着いた時にまだ営業していると良いのですが。

Lesson 2

選択肢の訳

7. 話者達は主に何を話し合っていますか。
   (A) 都市計画
   (B) ある施設の場所
   (C) 本の出版日
   (D) 店の大きさ

8. 男性は何をすると申し出ていますか。
   (A) 通りの名前を書く
   (B) 女性と一緒に行く
   (C) 銀行まで歩く
   (D) もう45分待つ

9. 女性が心配していることは何ですか。
   (A) 最新式の電子機器を買うこと
   (B) 近くの駐車場を使うこと
   (C) 営業時間内に着くこと
   (D) 観光地図を見つけること

- □ **get to** ～に着く、行く
- □ **facility** 名 施設、設備
- □ **modern** 形 現代の、最新式の（**up-to-date**）
- □ **further** 形 さらに
- □ **location** 名 場所、所在地

[正解・解説] Exercise 2 (Q10 ～ Q12)

10. 正解 (A) ★

解説 電話をかけている目的は通常最初に述べられる。氏名と会社、check in の予定日に続き、I'll need an additional room ... と追加で部屋が必要となることを伝えている。また2回目の発話で会議室を予約したいと述べている。追加の部屋が必要になることと会議室の予約を some changes で言い換えた (A) が正解となる。会議室を借りるのにさらに85ドル費用がかかる話をしているが、男性が電話をかけている目的は、この値段を知るためではないので (D) は誤答となる。

11. 正解 (B) ★

解説 女性のことを質問しているが、会話全体を注意して聞くことが重要であることに変わりはない。例えば男性の check in や additional room などを聞き取れたらホテルなど宿泊施設での会話であることがわかる。女性は I'll arrange that.、That would cost you 85 dollars extra, however. と男性に対応していることから (B) が正解。フロント係を表す語として、他に receptionist も使われる。

12. 正解 (D) ★

解説 これは設問に言い換えが使われている。女性が2回目の発話で That would cost you 85 dollars extra と言っており、この cost ... extra（余分に～かかる）を設問では additional fee（追加料金）と言い換えている。言い換えは本文⇔選択肢が多いが、このように本文⇔設問で言い換えが使われる場合もある。(A)(B) は本文にそれぞれ時間、日付で同じ数字が出ているのでひっかからないよう注意。また (C) は、本文に September 18 という日付で出ている18と80で混乱を狙ったもの。18は eighteen [èitíːn] と後ろにアクセントがあるが、80は eighty [éiti] と前にアクセントがある。

Lesson 2

スクリプト

CD 5

Questions 10 through 12 refer to the following conversation.

M: Hello, my name's Tim Banks. I'm calling from Winston Trading Company and I'll be checking in on September 18. I'll need an additional room for my colleague Mr. Chan, who'll be joining me.

W: Certainly, I'll arrange that. Is there anything else I could help you with?

M: I'd also like to reserve your conference room for 4 hours on September 19.

W: Of course, sir. That would cost you 85 dollars extra, however.

設問 10 から 12 は、次の会話に関するものです。

男性: こんにちは。私はティム・バンクスです。ウインストン貿易会社から電話をかけており、9月18日にチェック・インします。同僚のチャン氏が同行するため、もう1室追加していただく必要があるのですが。

女性: かしこまりました。用意させていただきます。他に何かありますでしょうか。

男性: おたくの会議室を4時間、9月19日にお借りしたいのですが。

女性: わかりました。85ドル追加となります。

選択肢の訳

10. 男性はなぜ電話をしていますか。
   (A) いくつか変更を依頼するため
   (B) 予約をキャンセルするため
   (C) フィードバックをするため
   (D) 値段をチェックするため

11. 女性はおそらく誰でしょうか。
   (A) 銀行出納係
   (B) フロント係
   (C) 会議プランナー
   (D) 警備員

12. 追加料金はいくらですか。
   (A) 4ドル
   (B) 19ドル
   (C) 80ドル
   (D) 85ドル

Lesson 3

Exercise 1

CD 6

13. What is the man planning to do?
 (A) Demonstrate an item
 (B) Launch a facility
 (C) Make a purchase
 (D) Revise a schedule   Ⓐ Ⓑ Ⓒ Ⓓ

14. What does the man ask the woman for?
 (A) A business report
 (B) Product information
 (C) An office location
 (D) Work recommendations   Ⓐ Ⓑ Ⓒ Ⓓ

15. What feature does the woman emphasize?
 (A) Efficiency
 (B) Location
 (C) Price
 (D) Style   Ⓐ Ⓑ Ⓒ Ⓓ

Exercise 2

16. What are the speakers mainly discussing?

    (A) Business negotiations

    (B) Product design

    (C) Company reorganization

    (D) Investment results

17. What did the man tell Brown Corporation?

    (A) A decision has been made.

    (B) More time is necessary.

    (C) Some components are broken.

    (D) Production has been cut.

18. Why is the woman concerned?

    (A) A request has not been sent.

    (B) Shipments are behind schedule.

    (C) Customer payments are late.

    (D) Demands are too high.

Lesson 3

[正解・解説] Exercise 1 (Q13 〜 Q15)

13. 正解 (C) ★

解説 男性は、最初に I'm looking to pick up a suit と言っているので、スーツを買いたいことがわかる。pick up は「拾い上げる」が基本の意味で、そこから「買う」(= buy, purchase) や「車で人を拾う、迎えに行く」などの意味がある重要な句動詞。問題にある plan to do ... は「〜するつもりである」という意味。

14. 正解 (B) ★★

解説 求めている (ask for) 内容は通常疑問文や相手に依頼する文で表現される。ここでは事務所で着る地味なスーツを探していると述べた後、Could you tell me about what you have? と言っていることから、what you have を product (製品) と言い換えて、それらの情報を求めていると言い換えた (B) が正解。

15. 正解 (D) ★

解説 女性は最後に It's very stylish. と言っている。stylish は「おしゃれで」「洗練されている」という意味。style はここでは洋服などファッションのデザインという意味で使われているが、「流儀、(生活) 様式」「(モノの) 型」という意味でも使われる。

Part 3

スクリプト

Questions 13 through 15 refer to the following conversation.

M: I'm looking to pick up a suit––something conservative that would be good for an office environment. Could you tell me about what you have?

W: We have a wide selection right here, sir. Let me know which suits you'd like to look at.

M: This black one is similar to what I have now, but I like the fabric of that blue one. Which would you recommend?

W: Why don't you try this grey one instead? It's very stylish, and yet perfect for the office. Moreover, it's also on sale.

設問 13 から 15 は、次の会話に関するものです。

男性： スーツを探しています。地味で、職場にふさわしいものを。どのようなものがありますか。

女性： ちょうどここに、いろいろ取り揃えております。ご覧になりたいものがありますか。

男性： この黒は、今持っているものに似ています。その青いスーツの生地がいいですね。どちらがお勧めですか。

女性： 代わりにこのグレーのをお試しになってはいかがですか。とても洗練されていながら、職場にも向いています。その上、特価になっております。

Lesson 3

選択肢の訳

13. 男性は何をするつもりですか。
 (A) 道具を実演してみせる
 (B) 設備を始動させる
 (C) 買い物をする
 (D) スケジュールを変更する

14. 男性は女性に何を求めていますか。
 (A) ビジネスの報告書
 (B) 製品の情報
 (C) 事務所の場所
 (D) 仕事の推薦

15. どのような特徴を女性は強調していますか。
 (A) 効率性
 (B) 場所
 (C) 値段
 (D) スタイル

- □ **conservative** 形 (服装などが) 地味な、(考え方などが) 保守的な
- □ **environment** 名 環境
- □ **fabric** 名 生地
- □ **stylish** 形 洗練された
- □ **demonstrate** 動 実演する
- □ **revise** 動 変更する
- □ **wide selection** 豊富な品揃え
- □ **similar to** 〜に似ている
- □ **moreover** 副 さらに
- □ **launch** 動 開始する、売り出す

[正解・解説] Exercise 2 (Q16 〜 Q18)

16. 正解 (A) ★

解説 まず女性が、how did the meeting go ... と会議の様子を聞いている。その後重要な表現となるのは、signed the sales contract, asked for a 10 percent cut, discuss those requests などで、ブラウン社とのやり取りを話題にしていることがわかる。これらを Business negotiation と表現している (A) が正解。

17. 正解 (B) ★★

解説 We told them we would need a few more days to discuss ... が決め手。need を necessary、a few more days を more time と言い換えている (B) が正解。会話の中に they want a decision from us soon とあることにつられ、(A) を選択しないように注意。決定がくだされたわけではなく、決定をするために時間が必要だと言っている。

18. 正解 (D) ★★

解説 設問にある be concerned は、会話で使われている be worried の言い換えである。女性の2回目の発話にある they are asking for を demands、a bit too much を too high と言い換えた (D) が正解。(B) は会話にある shipping との混乱を狙ったもの。

Lesson 3

スクリプト

Questions 16 through 18 refer to the following conversation.

W: Mark, how did the meeting go with Brown Corporation about selling them airplane components? Have you signed the sales contract with them?

M: Not yet. They've just asked for a 10 percent cut in prices as well as free shipping. We told them we would need a few more days to discuss those requests, but they want a decision from us soon.

W: I'm worried that they're asking for a bit too much. See if they will at least settle for paying for shipping.

設問 16 から 18 は、次の会話に関するものです。

女性: マーク、飛行機の部品販売に関するブラウン社との会議はどうなりましたか。彼らと販売契約を結びましたか。

男性: まだです。先方から値段の10％割引と、送料無料を要求されました。検討するために数日必要だと言ったのですが、すぐに返事をほしいようです。

女性: ちょっと要求が多いですね。少なくとも送料は負担することに承知するかどうか確かめてみてください。

Part 3

選択肢の訳

16. 話者達は主に何を話し合っていますか。
 (A) 仕事の交渉
 (B) 製品のデザイン
 (C) 会社の再組成
 (D) 投資の結果

17. 男性はブラウン社に何を言いましたか。
 (A) 決定がくだされたこと。
 (B) もっと時間が必要であること。
 (C) いくつかの部品が壊れていたこと。
 (D) 製造が削減されたこと。

18. 女性は何を懸念していますか。
 (A) 要求が送られていない。
 (B) 出荷が遅れている。
 (C) 顧客の支払いが遅れている。
 (D) 要求が高すぎる。

□ component 名 部品　　　□ investment 名 投資

Lesson 4

Exercise 1

19. What are the speakers mainly discussing?
   (A) Training staff
   (B) Completing a project
   (C) Organizing a meeting
   (D) Opening an account   Ⓐ Ⓑ Ⓒ Ⓓ

20. Where most likely do the speakers work?
   (A) In a laboratory
   (B) In a construction company
   (C) At a recruiting agency
   (D) At a factory   Ⓐ Ⓑ Ⓒ Ⓓ

21. What does the man plan to do?
   (A) Contact executives
   (B) Reduce funds
   (C) Extend a deadline
   (D) Upgrade original designs   Ⓐ Ⓑ Ⓒ Ⓓ

Exercise 2

22. Who most likely is the woman?

(A) A business reporter

(B) A market regulator

(C) An investment advisor

(D) An event promoter

23. Why is the man concerned?

(A) Trading was unavailable.

(B) Financial statements were lost.

(C) Losses have occurred.

(D) Analysts were wrong.

24. What does the man say he will do?

(A) Purchase more stock shares

(B) Maintain the account

(C) Increase his bank deposits

(D) Speak with his wife

Lesson 4

[正解・解説] Exercise 1 (Q19～Q21)

19. 正解 (B) ★★

解説 男性が is the Hadley Bridge still within the budget? と、プロジェクトが予算内に収まっているかを質問している。それに対し、completed building about 50 percent of it、fall behind schedule、meet the original deadline など、建設の進行具合を話し合っていることがわかる。それを completing the project と言い換えた (B) が正解。

20. 正解 (B) ★

解説 会話が行われている場所や話者達がどこにいるか、どこで仕事をしているかも頻出問題。会話の中のキーワードを聞き逃さないこと。この会話では、the Hadley Bridge と completed building から建設会社であることがわかる。We need our experienced workers から (C) の recruting agency と混同してはいけない。話のメインをしっかりつかめば、人を雇用する話ではなく、仕事を締め切り日までに遂行する話であることがわかる。

21. 正解 (A) ★★

解説 男性は2回目の発話で I'll speak to the board of directors と言っている。the board of directors を exectives、I'll speak to を contact に言い換えている (A) が正解。(B) の funds は減らすのではなく増やしてもらえるかを頼むので逆。(C) の deadline は we have to meet the original deadline と守ることを言っており、延ばしてもらうように頼むとは言っていない。(D) Upgrade original designs の話は出ていないが、original は会話にも出ているので混同を狙っている。

スクリプト   **CD 8**

Questions 19 through 21 refer to the following conversation.

M: Joanna, is the Hadley Bridge still within the budget?

W: Yes, our work crews have completed building about 50 percent of it. Unfortunately we're falling behind schedule now. We need our experienced workers to do overtime or work more shifts to catch up, but that would raise our costs considerably.

M: Regardless of that, we have to meet the original deadline. I'll speak to the board of directors about it to see if they can give us more funds for extra staff.

設問 19 から 21 は、次の会話に関するものです。

男性： ジョアンナ、ハドリー・ブリッジは、まだ予算内に収まっていますか。

女性： はい。作業員は約50％建設を終えていますが、あいにくスケジュールに遅れが生じています。遅れをとり戻すために熟練労働者に残業をしてもらうか、シフト勤務を増やしてもらうかしなくてはいけないのですが、そうするとかなりコストが上がることになります。

男性： コストが上がろうと、最初の締め切りに間に合わなくては。役員会に、人員を増やすための資金を回してもらえるか話してみます。

Lesson 4

選択肢の訳

19. 話者達は主に何を話し合っていますか。
(A) スタッフを訓練すること
(B) プロジェクトを完成させること
(C) 会議を開くこと
(D) 口座を開くこと

20. 話者達はおそらくどこで働いていますか。
(A) 研究室
(B) 建設会社
(C) 人材募集代理店
(D) 工場

21. 男性は何をする予定ですか。
(A) 重役と連絡をとる
(B) 資金を削減する
(C) 締め切りを延ばす
(D) 元のデザインをグレードアップする

- **work crew** 従業員
- **considerably** 副 相当の
- **see if** 〜かどうか見てみる
- **overtime** 名 残業
- **board of directors** 役員会

[正解・解説] Exercise 2 (Q22 ～ Q24)

22. 正解 (C) ★★

解説 株取引の口座を解約しに来たという男性に対し、女性は may I suggest you wait a little longer? と言って、株を保有し続けるようにアドバイスしているので正解が (C) とわかる。続けて女性が、株のメリットを男性に説明している点からも、女性が投資のアドバイザーと確認できる。

23. 正解 (C) ★★

解説 男性は、1回目の発話で I've lost heavily in some trading and I'm afraid it'll affect my personal finances badly. と説明して、取引で損をしたことで財産に悪影響があるかもしれないと懸念を表しているので、正解は (C)。会話の afraid が質問では concerned に言い換えられている。損はしたが取引はできているので (A) は誤答。analysts という語は出てくるが間違っていたとは述べられていないので (D) も誤答。また、(B) の financial statements（財務諸表）を紛失したとは述べられていない。

24. 正解 (B) ★★★

解説 男性の最後の発話 I'll keep it for now. の部分から、口座を保有しておくつもりであることがわかるので正解は (B)。会話の keep は選択肢では maintain に言い換えられている。maintain には、「～を維持する」以外にも「～と言う、～を保守する」など様々な意味があるので注意。(D) は、男性の発話 That's what my wife recommended I do から妻とは既に話し合い済みであることがわかるので不適切。

Lesson 4

スクリプト

CD 9

Questions 22 through 24 refer to the following conversation.

W: Good morning, Mr. Collins. How may I help you?

M: I've come in to close my stock account. I've lost heavily in some trading and I'm afraid it'll affect my personal finances badly.

W: I understand, sir. But may I suggest you wait a little longer? Many analysts expect the market to rise shortly. You could then make substantial gains if you held onto your shares. Over the long term, stocks can outperform bank deposits and many assets like property or bonds.

M: Alright, I suppose I'll keep it for now. That's what my wife recommended I do as well.

設問 22 から 24 は次の会話に関するものです。

女性： おはようございます、コリンズさん。どういったご用件でしょうか。

男性： 株取引の口座を閉じるために来ました。取引でひどく損をしたので、私個人の財政状況に悪影響があると思うのです。

女性： わかります。ですが、もう少しお待ちになってはいかがですか。多くのアナリストは、近いうちに市場は上向くと予測しています。その時に、株をそのままお持ちであれば、かなりの利益を得られるかもしれません。長期的には、株は、銀行預金や、不動産や債券のような資産よりも利益を上げることもあります。

男性： わかりました。今のところは、そのままにしておくことにします。妻がそうするように勧めていることでもあるので。

選択肢の訳

22. 女性はおそらく誰でしょうか。
(A) 事業報告者
(B) 市場監督官
(C) 投資アドバイザー
(D) イベント主催者

23. 男性はなぜ心配しているのですか。
(A) 取引ができなかった。
(B) 財務諸表が紛失した。
(C) 損失があった。
(D) アナリストが間違っていた。

24. 男性は何をするつもりだと言っていますか。
(A) 株をさらに購入する
(B) 口座をそのままにする
(C) 銀行預金を増やす
(D) 妻と話す

- □ **account** 名 口座
- □ **substantial** 形 充分な、かなりの
- □ **hold onto** ～を掴んでおく、手放さずにいる
- □ **outperform** 動 ～をしのぐ
- □ **asset** 名 資産
- □ **bond** 名 債券
- □ **regulator** 名 取締官、監督官
- □ **occur** 動 発生する、生じる
- □ **suggest** 動 ～を提案する、～を勧める
- □ **gain** 名 利益
- □ **deposit** 名 預金
- □ **property** 名 財産、所有物、不動産
- □ **recommend** 動 ～を勧める
- □ **investment** 名 投資
- □ **maintain** 動 ～を保持する、維持する

Lesson 5

> **Exercise 1**

CD 10

25. What are the speakers mainly discussing?
   (A) Supply prices
   (B) Monthly work schedules
   (C) Purchasing decisions
   (D) Store expansion Ⓐ Ⓑ Ⓒ Ⓓ

26. What is the woman's concern?
   (A) Yearend statements
   (B) Shipment arrivals
   (C) Fashion changes
   (D) Sale results Ⓐ Ⓑ Ⓒ Ⓓ

27. When is the latest the speakers can make the request?
   (A) July
   (B) August
   (C) November
   (D) December Ⓐ Ⓑ Ⓒ Ⓓ

Exercise 2

28. What is the woman's problem?
 (A) She can't access her computer.
 (B) She needs a machine installed.
 (C) She has forgotten her password.
 (D) She doesn't have a username.

29. What happened over the weekend?
 (A) A security team was hired.
 (B) A procedure was changed.
 (C) A computer design was updated.
 (D) A schedule was posted.

30. Where most likely does Andrew Porter work?
 (A) In accounting
 (B) In marketing
 (C) In IT
 (D) In manufacturing

Lesson 5

[正解・解説] Exercise 1 (Q25 ~ Q27)

25. 正解 (C) ★★

解説 男性が3,000枚のTシャツを発注してはどうかと切り出して、年末セールに間に合うかどうか、具体的な仕入れ時期など、Tシャツを購入するためのやりとりが進展していくので、正解は(C)。その他の選択肢については、会話の中で触れられていない。

26. 正解 (B) ★★

解説 we need to place the order early in order to have them delivered in time の部分から、女性が懸念しているのは、配達が間に合うように早く注文することだとわかるので、そのことを言い換えた(B)が正解。(A)(D)はそれぞれ、会話に出てくる yearend sales の一部を使って回答者の混乱を狙った選択肢だが、会話では触れられていないので誤答となる。

27. 正解 (B) ★★

解説 男性が最後の発話で ...request the remaining 1,000 in August. That's the latest we can order... と言っている部分で、8月が注文するための最終時期だとわかる。男性は続いて11月と12月についても触れているが、こちらは have them delivered by November or December. と商品が到着する時期のことなので(C)(D)は不正解。この have ＋モノ＋動詞（過去分詞）は、「モノを〜させる」という意味の重要表現。

Part 3

スクリプト

CD 10

Questions 25 through 27 refer to the following conversation.

M: I expect these T-shirts to be in demand over the holiday season. Maybe we should ask our supplier to send us about 3,000 of them.

W: That's a good idea; we need to place the order early in order to have them delivered in time for our yearend sales. Otherwise, I'm worried we wouldn't have enough on hand.

M: Why don't you order 2,000 of them right away? You could then request the remaining 1,000 in August. That's the latest we can order and still have them delivered by November or December.

設問 25 から 27 は次の会話に関するものです。

男性： 休暇シーズンにかけて、これらのTシャツは需要があると思います。納入業者に 3,000 枚くらい送ってもらうよう頼むべきかもしれません。

女性： いい考えですね。年末セールに間に合うよう配送してもらうためには、早く注文する必要があります。そうしておかないと、手元に充分な数がないかもしれないので心配です。

男性： 今すぐ 2,000 枚注文してはどうでしょう。それから残りの 1,000 枚を 8 月に注文してはどうでしょう。注文して 11 月か 12 月までに届けてもらえるのは、8 月が最終です。

Lesson 5

選択肢の訳

25. 話者達は、主に何を話し合っていますか。
    (A) 供給価格
    (B) 作業の月次スケジュール
    (C) 購入の決定
    (D) 店舗の拡大

26. 女性の心配ごとは何ですか。
    (A) 年末の収支報告書
    (B) 荷物の到着
    (C) 流行の変化
    (D) 販売成績

27. 話者達が依頼することができる最終時期はいつですか。
    (A) 7月
    (B) 8月
    (C) 11月
    (D) 12月

- □ expect 動 〜を予期する
- □ supplier 名 納入業者、仕入先
- □ on hand 手元に
- □ purchase 動 〜を購入する
- □ concern 名 心配、懸念
- □ statement 名（支払いや財務状況などの）報告書、記録
- □ shipment 名 出荷、出荷品
- □ in demand 需要がある
- □ deliver 動 〜を配達する、配送する
- □ remaining 形 残りの、残っている
- □ decision 名 決定、決心

Part 3

[正解・解説] Exercise 2 (Q28 〜 Q30)

28. 正解 (A) ★

解説 女性が冒頭で I can't logon to my computer. I wonder what the problem is. と言うので、自分のコンピュータに入れないことが問題であるとわかる。会話の logon が選択肢では access に言い換えられている。その他の選択肢では install、password、username とそれぞれ話中の単語が使われているが、該当する内容がないので誤答。

29. 正解 (B) ★★★

解説 女性の問いかけに、男性が A new security system was installed over the weekend. と応じた後、いつもとは違う方法でシステムに入らなければいけないことを説明している。つまり、週末の間にやり方が変更されたことがわかる。このことを表している (B) が正解。

30. 正解 (C) ★

解説 アンドリュー・ポーターの名が出てくるのは、男性の最後の発話 If you need help, call Andrew Porter, since his team put in the system. の部分。ここから、アンドリュー・ポーターのチームが、この会話で話題になっているコンピュータの新システムを導入したことがわかる。選択肢の中で、そのような業務に関連するのは (C) の IT 部門と判断できる。

Lesson 5

スクリプト

CD 11

Questions 28 through 30 refer to the following conversation.

W: John, I can't logon to my computer. I wonder what the problem is.
M: A new security system was installed over the weekend. You have to enter the system differently today, although your username is the same.
W: OK, so what should I do now?
M: The system is prompting you for a new password. Choose one and then you'll be able to logon and read all the day's accounting and marketing reports. If you need help, call Andrew Porter, since his team put in the system.

設問 28 から 30 は次の会話に関するものです。
女性：ジョン、コンピュータにログオンできません。何が問題なのでしょう。
男性：週末に、新しいセキュリティシステムが設定されました。今日は違う方法でシステムに入る必要があります。ユーザーネームは同じですが。
女性：わかりました。それでどうすればいいのですか。
男性：システムが、新しいパスワードを求めてきます。1つ選べばログオンでき、今日の財務報告とマーケティング報告を全部読むことができます。もし手助けが必要なら、アンドリュー・ポーターに電話して下さい。彼のチームがそのシステムを導入したので。

選択肢の訳

28. 何が女性の問題ですか。
   (A) コンピュータに接続できない。
   (B) 機械を設置してもらう必要がある。
   (C) パスワードを忘れてしまった。
   (D) ユーザーネームを持っていない。

29. 週末に何が起こりましたか。
   (A) 警備チームが雇われた。
   (B) 手続きが変更された。
   (C) コンピュータデザインが更新された。
   (D) スケジュールが掲示された。

30. アンドリュー・ポーターはおそらくどこで働いていますか。
   (A) 会計部門
   (B) マーケティング部門
   (C) IT 部門
   (D) 製造部門

- □ **prompt** 動〜を促す
- □ **hire** 動〜を雇う
- □ **update** 動〜を更新する、最新の状態にする
- □ **post** 動〜を掲示する、貼る
- □ **accounting** 名会計、経理
- □ **procedure** 名手続き
- □ **manufacturing** 名製造

Lesson 6

> **Exercise 1**

CD 12

31. Who most likely is the woman?
 (A) A hotel clerk
 (B) An flight attendant
 (C) A tour organizer
 (D) A taxi driver Ⓐ Ⓑ Ⓒ Ⓓ

32. What is the additional fee for?
 (A) An express train ticket
 (B) A tunnel usage
 (C) A city driving license
 (D) A station parking permit Ⓐ Ⓑ Ⓒ Ⓓ

33. What does the man thank the woman for?
 (A) Reducing the fare
 (B) Explaining Fulton City
 (C) Providing information
 (D) Taking a scenic route Ⓐ Ⓑ Ⓒ Ⓓ

Part 3

Exercise 2

CD 13

34. What are the speakers mainly discussing?

(A) Business regulations

(B) Product design changes

(C) Manufacturing targets

(D) Inventory arrangements   Ⓐ Ⓑ Ⓒ Ⓓ

35. How has the problem been solved?

(A) By hiring more workers

(B) By leasing more office space

(C) By getting more vehicles

(D) By opening new stores   Ⓐ Ⓑ Ⓒ Ⓓ

36. What will happen on March 10?

(A) A new item will be released.

(B) A sale will end.

(C) Shoppers will be surveyed.

(D) Some trucks will be repaired.   Ⓐ Ⓑ Ⓒ Ⓓ

Lesson 6

[正解・解説] Exercise 1 (Q31 〜 Q33)

31. 正解 (D) ★

解説 男性が女性に can you take me to the station ...? と話しかけ、女性が it'll only take 10 minutes if I drive... と応じている部分から、女性が男性を乗せて駅まで運転する話であるとわかる。よって正解は (D)。ここでは、take + 人・モノ + to ...(〜を…へ連れて行く)、it + takes + 時間 ...(…に〜の時間がかかる)など、take の重要表現にも注意。

32. 正解 (B) ★

解説 余分にかかる料金について女性は、it costs an extra 5 dollars to go through the tunnel と説明しているので、正解は (B)。会話の an extra 5 dollars が、設問では the additional fee と言い換えられている。TOEIC では、fee(料金、手数料)、fare(運賃)、charge(使用料)、toll(通行料)などの料金に関する語が、言い換えて出題される場合が多い。その他の選択肢は、express、driving、station など会話で出た語や似た語が使われているが、追加料金が発生するとは述べられていないので誤答。

33. 正解 (C) ★★

解説 男性は、最後の発話 ...thanks for those suggestions. の部分で感謝の気持ちを表している。この those suggestions は、男性が早く駅に行きたいと言ったことに対して、女性が5ドル余分に払ってトンネルを通れば10分で行ける、と提案したことを受けたもの。suggestion は「提案・アドバイス」という意味で、選択肢では information と言い換えられている。

Part 3

スクリプト

Questions 31 through 33 refer to the following conversation.

M: Hi, can you take me to the station as fast as possible? I need to catch the 6:00 express train to Fulton City. It's really urgent.

W: Sure, it'll only take 10 minutes if I drive through the Ashley Tunnel. That's the fastest route but it costs an extra 5 dollars to go through the tunnel—on top of the normal fare. Would that be okay with you?

M: Absolutely, and thanks for those suggestions. If you get me there early I'd really appreciate it.

設問 31 から 33 は次の会話に関するものです。

男性: すみません、できるだけ急いで駅まで行ってもらえますか。フルトン・シティ行きの6時の特急列車に乗る必要があるのです。大至急お願いします。

女性: わかりました。アシュレイ・トンネルを通れば、たったの10分です。それが一番速い経路ですが、通常料金とは別にトンネルの通行に5ドル余分にかかります。それでよろしいですか。

男性: 大丈夫です。教えてくれてありがとう。早く着いたら、本当にありがたいです。

Lesson 6

選択肢の訳

31. 女性はおそらく誰でしょうか。
    (A) ホテルの従業員
    (B) 飛行機の客室乗務員
    (C) 旅行の主催者
    (D) タクシーの運転手

32. 追加料金は何のためのものですか。
    (A) 特急列車の切符
    (B) トンネルの利用
    (C) 市街を通行するための許可証
    (D) 駅に駐車するための許可証

33. 男性は、女性に何を感謝していますか。
    (A) 料金を下げてくれたこと
    (B) フルトン・シティについて説明してくれたこと
    (C) 情報を教えてくれたこと
    (D) 景色のよいルートを選んだこと

- **urgent** 形 緊急の、急を要する
- **absolutely** 副 まったく、絶対に
- **clerk** 名 店員、係員
- **reduce** 動 〜を減らす
- **scenic** 形 景色のよい
- **on top of** 〜に加えて
- **appreciate** 名 〜に感謝する
- **permit** 名 許可、許可証
- **provide** 動 〜を提供する

[正解・解説] Exercise 2 (Q34 ～ Q36)

34. 正解 (D) ★★

解説 男性が、新発売する商品の出荷について shipments are still held up at the local warehouses. と話しかけ、女性がその対応策について話しているので、正解は (D)。会話の shipments が選択肢では inventory と言い換えられている。その他の選択肢には、それぞれ新商品の発売に関連しそうなキーワード business、product、manufacturing が使われているが、該当する内容がない。

35. 正解 (C) ★★

解説 女性が2回目の発話で ...but not enough trucks. Mr. Wong's recently leased some extra ones... と発言している部分が鍵。トラックの台数が充分でなかったことが問題で、それに対して追加のトラックを借りるという対応が説明されているので (C) が正解。会話の trucks が選択肢では vehicles に言い換えられている。このように TOEIC では本文に出た語が、その語が属するカテゴリーを表す語に置き換えて出題されることが多い（例：shirt［シャツ］→ clothes［衣服］）。(A) は女性が作業者数は充分と言っているので雇う必要がない、(B) は借りたのは事務所ではなくトラックである、(D) は新店を開く話題は出ていないので誤答。

36. 正解 (A) ★★

解説 3月10日の日付は、女性の2回目の発話 the formal launch on March 10. という部分に現れる。何の発売かは、to launch our new tennis shoe の部分で、新しいテニスシューズとわかる。このことを言い換えた (A) が正解。会話の launch が選択肢では release に言い換えられている。また、TOEIC では「商品」の意味を表す item、goods、merchandise や product（製品）の語がよく言い換えに使われる。

Lesson 6

スクリプト

CD 13

Questions 34 through 36 refer to the following conversation.

W: Matt, you look troubled. Anything I can help with?

M: I was just wondering if we'll be able to launch our new tennis shoe on time. We have just two weeks before that happens but our shipments are still held up at the local warehouses.

W: We have enough workers, but not enough trucks. Mr. Wong has recently leased some extra ones to transport the shoes out to all the stores. Those outlets should be fully stocked before the formal launch on March 10.

M: Great! We have to make sure we'll have enough for all the shoppers.

設問 34 から 36 は次の会話に関するものです。

女性: マット、困っているようですね。何か手伝いましょうか。

男性: 予定通りに新しいテニスシューズを発売できるかどうか、考えていたところでした。発売まで、後たった2週間なのですが、出荷品がまだ地元の倉庫に留まったままなのです。

女性: 作業者は充分いるのですが、トラックが不足しているのです。最近ワンさんが、全店舗にシューズを配送するために、追加のトラックを借りました。3月10日の正式発売の前には、それらの販売店にちゃんと納品されるはずです。

男性: よかった。お客全員に充分な数を確保しておかなくてはなりませんので。

Part 3

選択肢の訳

34. 話者達は、主に何について話していますか。
(A) 業務規制
(B) 製品デザインの変更
(C) 生産目標
(D) 在庫品の準備

35. 問題は、どのように解決されましたか。
(A) 作業者を雇うことで
(B) 事務所を借りることで
(C) 車を入手することで
(D) 新店舗を開くことで

36. 3月10日に何が起こるのですか。
(A) 新商品が発表される。
(B) 売り出しが終わる。
(C) 買物客が調査される。
(D) トラックが修理される。

- warehouse 名倉庫
- available 形利用できる
- inventory 名在庫、在庫品
- vehicle 名車両
- release 動〜を発表する、〜を売り出す
- survey 動〜を調査する
- transport 動〜を運ぶ、輸送する
- regulation 名規則、規制
- solve 動〜を解決する
- item 名商品、品目
- repair 動〜を修理する

Lesson 7

> **Exercise 1**

CD 14

37. What is the woman unable to find?

(A) A customer complaint form

(B) A magazine copy

(C) Research results

(D) Consumer coupons

Ⓐ Ⓑ Ⓒ Ⓓ

38. Where does Lisa Kim work?

(A) In Sales

(B) In Operations

(C) In Planning

(D) In Finance

Ⓐ Ⓑ Ⓒ Ⓓ

39. What does the man suggest?

(A) Joining a committee

(B) Assisting him with a project

(C) Making a phone call

(D) Holding a meeting

Ⓐ Ⓑ Ⓒ Ⓓ

Exercise 2

40. What are the speakers mainly discussing?

(A) Purchasing a house

(B) Replacing a vehicle

(C) Opening a bank account

(D) Designing a schedule

41. What is the problem?

(A) Work has been lost.

(B) Payments are overdue.

(C) Time has been wasted.

(D) Mechanics are unavailable.

42. How does the Kylon Corporation benefit its customers?

(A) Through lower prices

(B) Through tax consulting

(C) Through wider selection

(D) Through more convenience

Lesson 7

[正解・解説] Exercise 1 (Q37～Q39)

37. 正解 (C) ★★

解説 女性が冒頭で Where can I get a copy of the company's latest consumer sales statistics? と質問しているので、会社の統計を探しているとわかる。statistics を research results に言い換えた (C) が正解。何かを探しているという情報は、会話の始めに現れる場合が多いので、最初の部分を聞き逃さないように注意。

38. 正解 (B) ★★

解説 男性が1回目の発話で Lisa Kim is head of Operations と言っており、リサ・キムの所属部門は業務部であるとわかる。(C)Planning と (D) Finance については、女性が she's so busy working with the Planning committee and the Finance department と言っており、リサ・キムは一緒に働いている (work with) しているだけで、所属しているのではないことがわかる。with が聞き取れないと混乱してしまう設問だが、まずは男性が Lisa Kim is head of Operations と言う部分を聞き逃さず、会話の流れについていくようにしよう。

39. 正解 (C) ★

解説 最後に男性が、女性に you should call her assistant... とアドバイスしているので、(C) が正解とわかる。(A)(B)(D) の内容はどこにも出ていないので誤答。

> スクリプト

Questions 37 through 39 refer to the following conversation.

W: Where can I get a copy of the company's latest consumer sales statistics? I need it for the marketing report I'm putting together.

M: Lisa Kim is head of Operations, so she'd be the best person to ask.

W: Thanks, but I know she's so busy working with the Planning committee and the Finance department. Do you think she'd have time to help me?

M: Sure, just go up to the second floor. Before you do, however, you should call her assistant to make sure she's not in a meeting.

設問 37 から 39 は次の会話に関するものです。

女性: 会社の最新消費者販売統計の写しは、どこで手に入りますか。今まとめているマーケティング報告書に必要なのです。

男性: リサ・キムが業務部の責任者なので、彼女に尋ねるのが一番良いですよ。

女性: そうなのですが、彼女は企画委員会と財務部門との業務で、とても忙しいのです。私に手を貸すような時間があると思いますか。

男性: もちろん。2階に行ってください。ですが、行く前に彼女のアシスタントに電話して、会議中でないかを確認してくださいね。

Lesson 7

選択肢の訳

37. 女性は、何を見つけられないのですか。
(A) 顧客の苦情記入用紙
(B) 雑誌のコピー
(C) 調査の結果
(D) 消費者優待券

38. リサ・キムはどこで働いていますか。
(A) 販売部
(B) 業務部
(C) 企画部
(D) 財務部

39. 男性は何を提案していますか。
(A) 委員会に参加すること
(B) プロジェクトで彼に力を貸すこと
(C) 電話をすること
(D) 会議を開催すること

- statistics 名統計
- committee 名委員会
- research 名調査
- hold a meeting 会議を開催する
- put together ～をまとめる
- complaint 名苦情、不平、不満
- coupon 名クーポン、優待券

[正解・解説] Exercise 2 (Q40 ～ Q42)

40. 正解 (B) ★

解説 2人の会話は、男性の車が故障したため Maybe I should just buy a new one? と切り出すところから始まり、それに対して女性が、車を借りるという方法もありますよとアドバイスをする流れである。この流れを一言でまとめた (B) が正解。replace は「～に入れ替える、取り替える」という意味の TOEIC 頻出語で、モノの入れ替えにも、人の入れ替わりにも使う。

41. 正解 (C) ★★★

解説 男性は、車の故障で修理に時間がかかることを An older one takes too much of my time to maintain. I lost this entire afternoon at the automobile shop... と言って女性に不満を述べており、時間の無駄を問題視していることがわかるので正解は (C)。その他の選択肢には、それぞれ話中のキーワード lost, payments, mechanics が使われているが、該当する内容はないので選ばないように注意。mechanic は名詞で「整備士、機械工」という意味なので、形容詞 mechanical (機械の) と区別しておこう。

42. 正解 (D) ★★★

解説 女性は最後の発話で、カイロン社が修理費用や税金の支払いを代わりにしてくれるので楽になりますよ、と男性に勧めている。このことを more convenience と一言でまとめた (D) が正解。大幅ではないが値段は少し高めであると女性が言っているので (A) は誤答。税務相談や、選択肢の幅が広がることは言及されていないので (B)(C) も誤答。

Lesson 7

スクリプト 　　　　　　　　　　　　　　　　　　　　　　　**CD 15**

Questions 40 through 42 refer to the following conversation.

M: My car broke down again this morning. Maybe I should just buy a new one. An older one takes too much of my time to maintain. I lost this entire afternoon at the automobile shop going over the problems with mechanics.

W: Have you considered leasing a car? It's worked well for a lot of my friends.

M: Really? I thought monthly lease payments were much more expensive than car loan payments.

W: Yes, but not by that much. Moreover, you wouldn't have to pay repair costs or car taxes. A company like Kylon Car Leasing Corporation could do all that for you, making your life much easier.

設問 40 から 42 は次の会話に関するものです。
男性： 今朝、また車が故障しました。新しいのを買うべきなのかもしれません。古い車は維持するのに手間がかかりすぎます。修理工場で、整備士と問題を調べていたら、今日の午後一杯かかってしまいました。
女性： 車を借りることを考えたことはありますか。友人の多くはそれでうまくやっていますよ。
男性： 本当ですか。リース料金1ヶ月分の方が、自動車ローンの支払いよりずっと高いと思っていました。
女性： そうですが、たいして高くないのです。それに、修理費用や税金を払わなくてもよいのです。カイロン・カー・リーシング社のような会社は、そういうこと全部を肩代わりしてくれるので、ずっと楽になりますよ。

Part 3

選択肢の訳

40. 話者達は、主に何について話していますか。
(A) 家を買うこと
(B) 車を取り替えること
(C) 銀行口座を開くこと
(D) スケジュールを立てること

41. 何が問題ですか。
(A) 仕事がなくなった。
(B) 支払い期限が過ぎている。
(C) 時間が無駄になった。
(D) 整備工がいない。

42. カイロン社は、どのように顧客の役に立ちますか。
(A) 低価格で
(B) 税務相談で
(C) 幅広い選択肢で
(D) 高い利便性で

☐ **entire** 形 すべての、全体の
☐ **mechanic** 名 整備士、修理工
☐ **benefit** 動 ～に利益になる、役立つ
☐ **go over** ～を調べる
☐ **overdue** 形 期日・期限の切れた
☐ **convenience** 名 利便性

Lesson 8

Exercise 1

43. Why is David Matson calling?

(A) To place an order

(B) To confirm a shipment

(C) To make a complaint

(D) To respond to an enquiry

44. How long has the problem been going on?

(A) Four days

(B) One week

(C) Two weeks

(D) Three weeks

45. Why does the woman apologize?

(A) A cost is not paid for.

(B) A delivery was not sent.

(C) A replacement is not ready.

(D) A bill is incorrect.

Exercise 2

46. Where most likely are the speakers?
 (A) In a restaurant
 (B) In a hotel
 (C) In a business office
 (D) In a train station

47. What does the woman say she plans to do?
 (A) Reserve a car
 (B) Talk with customers
 (C) Change her room
 (D) Stay additional days

48. What information does the man request?
 (A) Meeting dates
 (B) Presentation goals
 (C) View preferences
 (D) Arrival dates

Lesson 8

［正解・解説］ Exercise 1 (Q43 ～ Q45)

43. 正解 (C) ★★

解説 男性の最初の発話 I'm calling about a book I ordered on your Web site. より、注文した本について電話をかけているとわかる。続いての発話 It arrived promptly, but with its front cover torn. と述べていることから、男性が苦情を言うために電話をしたことがわかる。日本では、苦情のことをクレームと言うことがあるが、claim（動～を主張する、名主張）には苦情や文句という意味はなく、動詞 complain（苦情や文句を言う）や名詞 complaint（苦情、文句）を使うので注意。

44. 正解 (D) ★★

解説 本の表紙が破れているという件が連絡済みかどうか尋ねられた男性は、I did that on the day it arrived three weeks ago と述べている。よって、この問題は本が届いた3週間前に起こり、現在まで続いているので、(D) が正解。(A) は、男性が代りの本を受け取るまでの期間なので間違わないように注意。

45. 正解 (A) ★★

解説 女性の2回目の発話 I apologize that we can't cover shipping costs on returns で、「返品の送料を負担できないこと」を謝っている。支払われない shipping costs on returns（返品時の送料）を、a cost で言い換えた (A) が正解。なお、女性の1回目の発話 Sorry about that Mr. Matson. で、表紙が破れていたことを謝っているが、選択肢にこの理由はない。

> スクリプト

Questions 43 through 45 refer to the following conversation.

M: Hello, my name's David Matson. I'm calling about a book I ordered on your Web site. It arrived promptly, but with its front cover torn.

W: Sorry about that Mr. Matson. Have you e-mailed BooksPlus1.com to let us know what happened?

M: Yes I did that on the day it arrived three weeks ago, but I haven't received any response.

W: This is very unusual! Could you please mail the book back to us? You'll find the address on the bill. I apologize that we can't cover shipping costs on returns but I'll make sure you receive a replacement within the next four days.

設問 43 から 45 は次の会話に関するものです。

男性： こんにちは、私の名前はデビッド・マトソンです。貴社のウェブ・サイトで注文した本について電話しています。本はすぐに届きましたが、表紙が破れていました。

女性： マトソン様、申し訳ありません。BooksPlus1.com にメールして、この件を当社にお知らせくださいましたでしょうか。

男性： はい、3週間前の本が到着した日にそうしましたが、何の返事もありません。

女性： この様なことはめったにないのですが。本を返送して頂けますでしょうか。請求書に住所が載っています。申し訳ありませんが、当社は返品の送料を負担できません。ですが、4日以内に代わりの品を確実に受取って頂くように致します。

Lesson 8

選択肢の訳

43. デビッド・マトソンは、なぜ電話をかけているのですか。
(A) 注文をするため
(B) 発送を確認するため
(C) 苦情を言うため
(D) 問合せに返答するため

44. 問題は、どのくらい続いていますか。
(A) 4日
(B) 1週間
(C) 2週間
(D) 3週間

45. なぜ女性は謝っているのですか。
(A) ある費用が支払われない。
(B) 品物が出荷されなかった。
(C) 代わりの品が用意されていない。
(D) 請求書が間違っている。

- [ ] **promptly** 副敏速に
- [ ] **shipping cost** 送料
- [ ] **enquiry** 名問い合わせ ※**inquiry** とも表す
- [ ] **apologize** 動謝る
- [ ] **replacement** 名取替え品

[正解・解説] Exercise 2 (Q46 ～ Q48)

46. 正解 (B) ★

解説 女性は I'd like to reserve a single room と言っている。その後、男性が How long will you be staying with us? と、滞在期間を尋ねていることから、ホテルのフロントで予約していることがわかる。

47. 正解 (B) ★

解説 女性は、I might leave sooner if I can finish my client meetings ahead of what I planned. と述べている。よって、予定されているのは、顧客との打合せであり、これを Talk with customers と言い換えた (B) が正解。車の予約や部屋を変更する話は出ていないので (A) (C) は誤答。滞在は短くなる可能性はあるが、延長するとは述べていないので (D) も誤り。

48. 正解 (C) ★★

解説 男性は2回目の発話で、could you please let me know what kind of room view you'd like? と尋ねている。これを view preferences と言い換えている (C) が正解。like (〜が好き) 以外にも、prefer A to B (B より A を好む) や have a preference for (〜を好む) も、好みを表す TOEIC 頻出語句として確認しておこう。

Lesson 8

スクリプト

CD 17

Questions 46 through 48 refer to the following conversation.

W: Hi, I'm Candace Herman. I'd like to reserve a single room, please.

M: Certainly. How long will you be staying with us?

W: Until Friday. However, I might leave sooner if I can finish my client meetings ahead of what I planned.

M: OK, I'll reserve the room for you for 5 days. If you think you won't need to stay that long, please let us know as soon as you can. Now, could you please let me know what kind of room view you'd like? The ones facing the city are the most popular.

設問 46 から 48 は次の会話に関するものです。

女性： こんにちは、カンダス・ハーマンと申します。シングルの部屋を予約したいのですが。

男性： かしこまりました。滞在期間はどのくらいですか。

女性： 金曜までですが、顧客との打合せが予定より早く終われば、もっと短くなるかもしれません。

男性： では、5日間お部屋をお取りいたします。5日間必要でなくなれば、早急にお知らせください。部屋からの眺めでご希望はありますか。街に面する部屋が一番人気でございます。

選択肢の訳

46. 話者達はおそらくどこにいるでしょうか。
   (A) レストランに
   (B) ホテルに
   (C) 事務所に
   (D) 鉄道の駅に

47. 女性は何をする予定だと言っていますか。
   (A) 車を予約する
   (B) 顧客と話をする
   (C) 部屋を変える
   (D) 滞在を延長する

48. 男性はどんな情報を求めていますか。
   (A) 打合せの日程
   (B) プレゼンテーションの目標
   (C) 眺めの好み
   (D) 到着日

☐ **reserve** 動 ～を予約する、取っておく ☐ **ahead of** ～より前に
☐ **face** 動 ～に面する ☐ **preference** 名 好み

Column 1

リスニングのコツ

・主語と述語に注意して聞く！

音は残りませんので、聞きながら内容を理解していくしかありません。ですが、ただ闇雲に聞いているのでは内容を理解して追っていけるようにはなりません。そこで、"<u>主語と動詞</u>"<u>に注意して聞く</u>ようにしましょう。つまり"<u>何が（誰が）どうした</u>"<u>をしっかり押さえながら</u>聞くことが大切です。常に主語と動詞を意識して聞く練習をすることで、全部が聞けなくとも、話の筋がかなり見えてくるようになります。最初はリスニング時に主語と動詞をメモしながら聞くのもよいでしょう。

・頭から意味のまとまり（チャンク）で理解する

リスニングでもリーディングでも同じように、<u>英文は後戻りせず、頭から意味のまとまり（チャンク）で理解する</u>ことが大切です。特にリスニングでは後戻りは不可能なので、この方法をしっかりマスターしましょう。

次に具体的な方法を示します。

Carla, do you know if / the cartons we were expecting / have arrived and been unloaded? / If they have, / I hope they were stored carefully / because there is fresh food inside.

カーラ、ご存知ですか / 待っていた荷物は / 届いて荷下ろしされたかを？ / 届いたなら / ちゃんと保管されたでしょうか / 中は生鮮食品なので。

上記のように意味のまとまりで区切って、その順に理解していくのです。区切る箇所に決まりはありません。自分がやりやすいと思うところでよいのです。最初は短めで、数語単位がよいでしょう。

慣れるまでは、実際にスクリプトを使って鉛筆でスラッシュを書き込み、それを見ながら CD を使って練習してください。慣れれば、頭の中で意味のまとまりを区切りながら、CD を聞けるようになっていきます。

Part 4
2つの基本戦略
Lesson 9 ▶ Lesson 16

Part 4でよく出題される問題で構成しています。全部で8つのLessonがあり、1つのLessonには2題6問の設問があります。冒頭のイントロダクションで「解法のコツ」をつかんだら、さっそく問題に取り組みましょう。

イントロダクション

Part 4を制するための2つの基本戦略

戦略1 頻出テーマと特徴的な語彙に慣れておく

　Part 4の問題は、Part 3よりも長く語彙も難しくなりますが、本文の頻出テーマが限られてくるのでパターンに慣れておけばスコアアップをはかることができます。また、問題指示文（本文が流れる前のQuestions 1 through 3 refer to the following ... に続く部分）は、これから聞くのが「ニュース」なのか「アナウンス」なのかなど、英文の種類を知る上で非常に重要なヒントになります。聞き逃さないようにしましょう。

● **頻出テーマとよく出る語彙**

アナウンス
- 空港・機内　**passenger**（乗客）、**flight**（航空便、フライト）
- 会議・イベントの呼びかけ　**attend**（〜に参加する）、**be held**（開催される）など

ニュース
- 天気予報　**forecast**（天気）予報、**region**（地方）、**precipitation**（降水量）
- 交通情報　**traffic**（交通）、**be stuck**（混んでいる）
- 経済情報　**increase**（増える、増やす）、**figure**（数字）、**profit**（利益）など

ツアーガイド
- 観光地　**historic**（歴史上有名な）、**be well known for**（〜で有名である）
- 工場　**facility**（施設）、**assembling line**（組み立てライン）、**equipment**（装置）
- 博物館　**exhibit**（〜を展示する）、**feature**（〜を特集する）など

スピーチ	入社スピーチ	**introduce**（〜を紹介する）、**appointed**（任命された）
	プレゼン	**explain**（〜を説明する）、**expect**（〜を予想する）
	授賞式	**award**（賞）、**promotion**（昇進）、**career**（経歴）など

広告	セール	**discount**（値引き）、**be available**（〜を利用できる）、**coupon**（優待券）
	デパート	**reasonable price**（お手頃価格）、**specialize in**（〜を専門にしている）
	レストラン	**provide**（〜を提供する）、**appetizer**（前菜）など

メッセージ	留守番電話	**leave a message**（伝言を残す）、**contact**（〜に連絡する）
	音声案内	**reach**（（電話が）〜につながる）、**business hours**（営業時間）など

戦略 2 聞き取れなくても不安にならない

　Part 4の問題は基本的に、誰かに聞いてもらうためのものなので筋道を立てて話されます。一部分を聞き逃しても他の部分を聞き取れれば、情報の空白を補填して正答を導くことができる可能性が高い問題とも言えます。また、特に広告やツアーガイドのパターンでは、広告主名や集合時間など重要な情報が繰り返される場合もあります。聞き逃したと思っても、あきらめず最後まで聞き取る姿勢が大切です。

イントロダクション

Part 4でよく出題される パターンと攻略法

❏ アナウンスの攻略

　特に、駅やバス停・空港での出発案内や発着場所・行き先変更など乗り物に関するアナウンスが頻出です。また乗車に関する注意事項の情報が案内される場合もあります。どの電車（バス、飛行機）が、どこへ行く（着く）のか、何が変更になったのか、その理由は何か、乗客はどうすればよいのかに注意して聞くようにしましょう。

❏ ニュースの攻略

　冒頭で「〜のニュース（天気予報、交通情報）をお伝えします」などと言ってから、すぐに詳細情報を説明し始めるパターンが典型的です。この部分から、何に関するニュースかを尋ねる問題がよく出題されます。残りの設問では詳細部分から、来月A社は何をおこなうか、明後日はどんな天気か、通行止めになっている高速道路は何号線か、など踏み込んだ内容が質問されます。

❏ ツアーガイドの攻略

　たいていの場合、冒頭のWelcome...（〜へようこそ）やNow we are...（私たちは今〜に来ています）の言い回しをヒントにすれば、何のツアーかという出題に容易に答えられます。英語のtourには「旅行」だけでなく施設や会社の「見学」の意味もあるため、観光地案内、博物館見学、工場視察などが考えられます。その他、昼食後の集合場所・時刻、参加者が最後に案内される場所、注意事項などが問われます。

❏ スピーチの攻略

　スピーチは筋道を立てて話されるので、誰が、誰に向けて、何についてスピーチしているかという基本情報から必ず１つは出題されます。特に、入社した人や退職する人を紹介したり、受賞者や講演者を紹介したりするパターンが最頻出です。このような場合、紹介される人物の名前や職位、これまでの実績についての設問が出るため詳しく聞きとることが必須です。次に何が起こるでしょうか、という設問もよく出ます。

❏ 広告の攻略

　典型的な広告では、まず聞き手に対して「～はいかがですか」「～したいと思いませんか」のように呼びかけて注意を引いた後に、商品・サービスなどの具体的な説明が続き、最後は営業時間情報などで締めくくられます。大売り出しや、新商品発売、行楽地などがよく宣伝されます。特に、何の商品・サービスが宣伝されているのかは、必ず出題されると思って聞く練習をしましょう。

❏ メッセージの攻略

　留守番電話（telephone message）では、まず電話をかけている人が名乗り、面会時間・会議時間の変更や商品入荷のお知らせ、連絡先などの伝言を残します。音声案内（recorded message）では、電話がどこにつながっているかが案内され、何番を押せばどのような情報を得られるという録音が流されるパターンがほとんどです。いずれの場合も、誰が伝言をしているのか、何の音声案内かという重要情報が出てくるので冒頭を聞き逃さないように集中して聞くこと、また、出題パターンがハッキリしているので慣れておくと、得点しやすくなります。

Lesson 9

Exercise 1

CD 18

1. Where most likely is the speaker?
    (A) In a classroom
    (B) In a museum
    (C) At a construction site
    (D) In a forest

2. What is an activity mentioned by the speaker?
    (A) Planting flowers
    (B) Researching tourism
    (C) Walking distances
    (D) Shopping for binoculars

3. What will the group do last?
    (A) Ask questions
    (B) Board a local bus
    (C) Sail on a lake
    (D) Enjoy a meal

Part 4

Exercise 2

4. Who is most likely the speaker?
   (A) A salesperson
   (B) A TV broadcaster
   (C) An office executive
   (D) An appliance repair person

5. What is indicated about the VS22 device?
   (A) It comes with a quality warranty.
   (B) It is manufactured in Shanghai.
   (C) It is used by some rivals.
   (D) It has been reduced in price.

6. What must listeners first do to use the device?
   (A) Make a reservation
   (B) Submit a deposit
   (C) Contact the speaker
   (D) Register on a system

Lesson 9

[正解・解説] Exercise 1 (Q1～Q3)

1. 正解：(D) ★

解説 冒頭の we're now on a path overlooking White Tree Hills の部分で、丘陵を見晴らす小道にいること、また続けて We'll hike about one kilometer... と説明されていることから、これからハイキングするところだとわかる。よって (D) 森にいると考えるのが、もっとも自然な答え。

2. 正解 (C) ★

解説 アクティビティに関しては、選択肢にあるのは2文目の We'll hike about one kilometer down... と4文目の The hike back might take a little longer... の部分で説明されている (C) のみ。その他の選択肢の活動については述べられていない。

3. 正解 (D) ★★

解説 グループが最後にすることは、話者が Finally, we'll end the day at the hotel with a poolside barbecue. と説明している部分でわかる。バーベキューをするということを enjoy a meal で言い換えている (D) が正解。また、(A) の「質問をする」は、グループがこの話の次に (next) することで、最後 (last) にすることではないので誤答。設問をしっかり把握して早とちりしないように注意。

> スクリプト

Questions 1 through 3 refer to the following talk.

As you can see, we're now on a path overlooking White Tree Hills, one of the biggest tourist attractions in the area. We'll hike about one kilometer down this path and pass by two spectacular lakes known for their wildlife and flowers. Those of you with binoculars will be able to view the birds closely. We'll then have a chance to peacefully row boats out onto the water. The hike back might take a little longer but we should reach our tour bus by 2:00 and arrive back at the resort by 5:00. Finally, we'll end the day at the hotel with a poolside barbecue. We'll get started after I've answered any questions you have.

設問1から3は次の話に関するものです。
ご覧のとおり私たちは今、この地域屈指の観光名所の1つ、ホワイト・ツリー・ヒルズを見渡す遊歩道にいます。この道を約1キロメートルほど歩いて降り、野生生物と花で知られている美しい湖を2つ通過します。双眼鏡をお持ちでしたら、鳥を間近にご覧になれるでしょう。それから、湖面でのんびりボートをこぐ機会もあります。帰りは少し時間がかかるかもしれませんが、2時までには観光バスに着いて、5時までには宿泊地に到着できるはずです。最後に、今日の終わりは、ホテルのプールサイドで行うバーベキューです。みなさんの質問にお答えしてから、出発しましょう。

Lesson 9

選択肢の訳

1. 話者は、おそらくどこにいますか。
   - (A) 教室に
   - (B) 美術館に
   - (C) 建設現場に
   - (D) 森に

2. 話者が、述べた活動は何ですか。
   - (A) 花を植えること
   - (B) 観光産業について調査すること
   - (C) 長距離を歩くこと
   - (D) 双眼鏡を買うこと

3. グループは、最後に何をしますか。
   - (A) 質問をする
   - (B) 路線バスに乗る
   - (C) 湖を航行する
   - (D) 食事を楽しむ

- [ ] **path** 名 遊歩道
- [ ] **spectacular** 形 壮大な
- [ ] **closely** 副 近くに、詳しく
- [ ] **resort** 名 保養地
- [ ] **board** 動 ～に乗る
- [ ] **pass by** ～を通過する
- [ ] **binocular** 名 双眼鏡
- [ ] **row** 動 ～を漕ぐ
- [ ] **construction** 名 建設

[正解・解説] Exercise 2 (Q4 ～ Q6)

4. 正解 (C) ★★

解説 1文目の a careful review by me and the other directors. の部分で、新しい機器の導入の検討は、役員（directors）の一人である話者と他の役員たちがしたのだとわかる。よって正解は (C)。director（役員、取締役）、staff（スタッフ）、manager（管理者）、executive（重役）などの立場や役職を表す語は、TOEIC頻出なので覚えておくとよい。

5. 正解 (C) ★★

解説 6文目で Many of our competitors are already using this system... と説明されているので (C) が正解。話の competitors が選択肢では rivals と言い換えられている。他の選択肢は話に出ている単語 quality、Shanghai、price を使って回答者を混乱させるためのもの。

6. 正解 (A) ★

解説 最後の部分で If any of your staff want to use it, please reserve it... と、使いたい人がいる場合は予約するように言っている部分が、正解 (A) の決め手。他の選択肢の内容は、出てこないので誤答。キーワードの reserve は1度しか現れないが、残りの部分を聞き取れていれば他の選択肢を消去して正解できるので、諦めずに最後まで話の流れについていこう。

Lesson 9

スクリプト CD 19

Questions 4 through 6 refer to the following talk.
This afternoon we're going to learn a little about the VS22 video conference device that our company just purchased after a careful review by me and the other directors. This is a new tool that's helping to speed up communication, something that is essential to conducting successful business. This device connects directly to the Web and will let our staff in branches as far apart as Boston, Riyadh, and Shanghai have visual conferences with each other. Just look at the bright and clear colors on the display screen! The price is somewhat high, but it provides outstanding quality in so many respects. Many of our competitors are already using this system and are reporting increased productivity and better morale. If any of your staff want to use it, please reserve it through Kelli Fong, the IT manager.

設問 4 から 6 は次の話に関するものです。
今日の午後は、VS22型のテレビ会議装置について少し学びます。私と他の役員が慎重に検討した後、会社が購入したばかりの装置です。これは新しい装置で、コミュニケーションを迅速化させてくれます。ビジネスを成功させるために不可欠なものです。この装置はウェブに直接つながり、ボストンやリァド、上海の遠く離れている支社の社員が、お互いと映像会議をすることができます。表示スクリーンの明るくてきれいな色を見て下さい。価格は幾分高いですが、多くの点で品質が素晴らしいのです。我が社の競合先は、すでにこのシステムを使っている所が多く、生産性や意欲が向上したと報告しています。皆さんのスタッフで使用したいという人がいれば、IT部長のケリー・フォングを通して予約して下さい。

Part 4

選択肢の訳

4. 話者は、おそらく誰でしょうか。
    (A) 販売員
    (B) テレビのアナウンサー
    (C) 会社の重役
    (D) 家電製品の修理担当者

5. VS22装置について、何が示されていますか。
    (A) 品質保証がついている。
    (B) 上海で製造された。
    (C) 競合先で使われている。
    (D) 価格が下がった。

6. 聞き手は、装置を使うためにまず何をしなければなりませんか。
    (A) 予約をする
    (B) 前払い金をいれる
    (C) 話者に連絡する
    (D) システム上で登録する

- **device** 名装置、機器
- **essential** 形不可欠の
- **in many respects** 多くの点で
- **productivity** 名生産性
- **executive** 名重役、幹部
- **warranty** 名保証書
- **deposit** 名前払い金
- **review** 名検査、検討
- **outstanding** 形傑出した、すばらしい
- **competitor** 名競争相手
- **morale** 名やる気、意欲
- **appliance** 名家電製品、電化製品
- **manufacture** 動〜を製造する
- **register** 動登録する

Lesson 10

> **Exercise 1**

CD 20

7. What is the purpose of the meeting?
   (A) To recruit staff
   (B) To review performance
   (C) To welcome employees
   (D) To explain new policies   Ⓐ Ⓑ Ⓒ Ⓓ

8. What may listeners experience over the next few months?
   (A) Working in different departments
   (B) Graduating from universities
   (C) Designing trainee programs
   (D) Assisting with company reorganization   Ⓐ Ⓑ Ⓒ Ⓓ

9. What will the listeners most likely do next?
   (A) Assign jobs to staff members
   (B) Hear a different speaker
   (C) Return their visitors' IDs
   (D) Move to a different location   Ⓐ Ⓑ Ⓒ Ⓓ

Part 4

Exercise 2

CD 21

10. What is the announcement mainly about?

   (A) The status of flights
   (B) Airport security procedures
   (C) Passenger terminal renovations
   (D) Airline benefit offers   Ⓐ Ⓑ Ⓒ Ⓓ

11. What is indicated about Flight ASD290 to Budapest?

   (A) It is caught in a storm.
   (B) Its departure time has changed.
   (C) It has been rerouted to Prague.
   (D) Its original boarding gate is closed.   Ⓐ Ⓑ Ⓒ Ⓓ

12. What are passengers for Flight BV80 advised to do?

   (A) Wait for further updates
   (B) Confirm their schedules
   (C) Proceed to the information desk
   (D) Prepare to enter the aircraft   Ⓐ Ⓑ Ⓒ Ⓓ

Lesson 10

[正解・解説] Exercise 1 (Q7〜Q9)

7. 正解 (C) ★★

解説 話者が冒頭で Welcome to Invictor Corporation. と挨拶し、2文目で During this meeting, I'm going tell you...as management trainees in this company. と説明していることから、会社で研修生を受け入れる際のスピーチだとわかるので (C) が正解。話者は聞き手を management trainees と呼んでいることからすでに社員だとわかるので (A) は誤答。成績は研修後に判定されるので、(B) は誤答。新方針についてはスピーチ内で触れられていないので、(D) は誤答。

8. 正解 (A) ★★

解説 話者が聞き手に、研修生としての今後の18週間のことを説明しますと言った後、You will work in our major divisions, from production to planning to marketing. と説明している部分から、聞き手が研修生として社内のいくつかの部門で働くことがわかる。よって正解は (A)。スピーチ内の division、選択肢の department はともに「部門」という意味。他に、section（部門）や organization（組織）などの語もよく言い換えに使われる。

9. 正解 (D) ★

解説 話者は、スピーチの最後で Follow me up to the ninth floor... と呼びかけて聞き手を9階に誘導しようとしているので、このことを言い換えた (D) が正解。次に何をするかという内容は話の終盤に示されることが多いので、最後まで集中して聞くことが必要。

> スクリプト

CD 20

Questions 7 through 9 refer to the following speech.
Welcome to Invictor Corporation. We're always looking for graduates like you from the best universities and we're happy to have you here. During this meeting, I'm going to tell you what to expect over the coming 18 weeks as management trainees in this company. You will work in our major divisions, from production to planning to marketing. Based on the results of your experiences there, you'll probably be assigned as assistant managers to one of our regional branches. Since we reorganized some time ago, a lot of new opportunities have opened up there. Those of you who are top performers may be sent to company headquarters or to overseas offices or may even gain early promotion to branch managers. That, of course, is in the future. Right now, you will receive your IDs and go through some essential Human Resources procedures. Follow me up to the ninth floor to do that.

設問7から9は次のスピーチに関するものです。
インビクター株式会社にようこそ。我が社は、いつも一流大学の卒業生を求人しているので、皆さんをここにお迎えできて嬉しく思っています。今回の会合では、皆さんが我が社の管理職研修生としてこれからの18週間、何をするのかを説明します。皆さんは、製造から企画、マーケティングまで我が社の主な部門で勤務します。そこでの経験の成績に基づいて、地方支社のひとつに管理職補佐として任命されることになるでしょう。少し前に組織変更してから、新たなチャンスが大きく広がってきています。成績優秀な人は、本社や海外事務所への派遣、あるいは支社責任者に早期昇進することもあるかもしれません。もちろんこれは将来の話です。今から身分証の受け取りと人事の基本的な手続きをしますので、私の後について9階まで来てください。

Lesson 10

選択肢の訳

7. この会合の目的は何ですか。
   - (A) 人員を採用すること
   - (B) 成績を評価すること
   - (C) 従業員を受け入れること
   - (D) 新方針を説明すること

8. 次の数ヶ月間、聞き手はどんなことを経験しますか。
   - (A) 様々な部署で働くこと
   - (B) 大学を卒業すること
   - (C) 研修プログラムを立案すること
   - (D) 会社の再編成を補佐すること

9. 聞き手は、おそらく次に何をしますか。
   - (A) 職員に仕事を割り当てる
   - (B) 違う人から話を聞く
   - (C) 見学者用身分証を返却する
   - (D) 違う場所に移動する

- □ **graduate** 名 卒業生
- □ **assign** 動 ～を任命する、～を割り当てる
- □ **regional** 形 地方の
- □ **reorganize** 動 ～を再編成する
- □ **opportunity** 名 機会
- □ **headquarters** 名 本社
- □ **promotion** 名 昇進
- □ **human resources** 人事部門
- □ **performance** 名 業績、成績、能力
- □ **policy** 名 方針

Part 4

[正解・解説] Exercise 2 (Q10 〜 Q12)

10. 正解 (A) ★

解説 Flight WK92...has been delayed、Flight ASD290... will be departing late、Flight BV80...to commence boarding と次々に情報が案内されるが、すべて乗客に飛行機の運航状況を知らせる内容である点が共通している。このことを一言でまとめた (A) が正解。その他の選択肢も、空港で放送されそうな内容であるが、このアナウンスでは案内されていないのですべて誤答。

11. 正解 (B) ★★

解説 ＡＳＤ290 便については、3 文目で Flight ASD290 bound for Budapest is...will be departing late. と出発が遅れることが案内されている。このことを departure time has changed と言い換えた (B) が正解。暴風雨に巻き込まれているのはＷＫ92 便なので (A) は誤答。経路変更については何も案内されていないので (C) は誤答。搭乗口が変更されたのはＢＶ80 便なので (D) も誤答。数字や地名が混在するアナウンスだが、落ち着いて、どの部分がどのフライトに関する情報か聞き取ることに集中しよう。

12. 正解 (D) ★★

解説 6 文目でＢＶ80 便の乗客に、搭乗が始まるのでゲートに進むようにとアナウンスがされている。このことを言い換えた (D) が正解。〜 be advised ... は、「〜に ... をお知らせします」という意味で、アナウンスでよく使われる丁寧な表現。

Lesson 10

スクリプト　　　　　　　　　　　　　　　　　　　　　CD 21

Questions 10 through 12 refer to the following announcement.
Your attention, please. We regret to inform everyone in the terminal that Flight WK92 from Munich has been delayed by heavy storms over Central Europe. Flight ASD290 bound for Budapest is experiencing problems with one of its engines and will be departing late. Passengers on that flight are requested to wait for further updates and a revised departure time. We are sorry for the inconvenience. Passengers leaving on Flight BV80 to Prague are advised to proceed immediately to Gate 19 instead of Gate 22—as originally planned—to commence boarding. We wish you a safe journey.

設問 10 から 12 は次のアナウンスに関するものです。
ご案内いたします。空港内の皆様にお知らせします。中央ヨーロッパでの暴風雨のためミュンヘン発WK92便が遅延しております。ブダペスト行きASD290便は、エンジンの1基が不調のため出発が遅れます。当便にご搭乗のお客様は、次のお知らせと出発時刻の修正をお待ち下さい。ご不便をおかけしお詫び致します。BV80便でプラハにご出発のお客様は、搭乗が始まりますので、当初予定の22番ではなく19番ゲートへ今すぐお進み下さい。お客様の安全な旅を願っております。

Part 4

選択肢の訳

10. 主に何についてのアナウンスですか。
 (A) 飛行機の運航状況
 (B) 空港の保安手続き
 (C) 乗客用ターミナルの改修
 (D) 飛行機会社からの特典の提供

11. ブダペスト行きASD290便について、何が述べられていますか。
 (A) 暴風雨に巻き込まれている。
 (B) 出発時刻が変更された。
 (C) 経路をプラハへ変更した。
 (D) 元々の搭乗口が閉鎖された。

12. BV80便の搭乗客は、何をするように言われていますか。
 (A) 追加情報を待つこと
 (B) スケジュールを確認すること
 (C) 案内所へ行くこと
 (D) 飛行機に乗る準備をすること

- □ **regret** 動 ～を残念に思う、後悔する
- □ **bound for** ～行きの
- □ **inconvenience** 名 不便さ
- □ **commence** 動 ～を始める、始まる
- □ **renovation** 名 改築
- □ **inform** 動 ～を知らせる
- □ **revise** 動 ～を改訂する、訂正する
- □ **immediately** 副 すぐに
- □ **status** 名 状況、情勢
- □ **confirm** 動 ～を確認する

Lesson 11

Exercise 1

CD 22

13. What is being advertised?
    - (A) A zoo
    - (B) A shopping mall
    - (C) An amusement park
    - (D) A convention center Ⓐ Ⓑ Ⓒ Ⓓ

14. What benefit is mentioned in the advertisement?
    - (A) Discounts for groups
    - (B) Online payment systems
    - (C) Increased size
    - (D) Food delivery Ⓐ Ⓑ Ⓒ Ⓓ

15. Which of the following is indicated in the advertisement?
    - (A) Parking spaces have been expanded.
    - (B) Menus have been revised.
    - (C) Expenses have risen.
    - (D) Daily business hours are the same. Ⓐ Ⓑ Ⓒ Ⓓ

Exercise 2

16. What is the report mainly about?
    (A) Local traffic conditions
    (B) Energy-efficient commuting
    (C) Repair tips for car owners
    (D) Cultural events in the area

17. What problem is reported?
    (A) Part of downtown has been closed off.
    (B) School courses have been canceled.
    (C) An accident has occurred.
    (D) A festival has been delayed.

18. What will listeners hear next?
    (A) A piece of music
    (B) A product commercial
    (C) Business reports
    (D) Weather updates

Lesson 11

[正解・解説] Exercise 1 (Q13～Q15)

13. 正解 (C) ★

解説 何の広告かは、比較的最初の部分で紹介されることが多い。ここでも、3文目で Your entrance ticket allows you on all of our rides. と言っている部分から、チケット制で入場し、乗り物がある場所とわかるので正解は (C)。他にも、Fun Coaster や our attractions などの用語からも、遊園地の宣伝であると確認できる。

14. 正解 (A) ★★

解説 4文目で Take advantage of our low group rates for 20 or more people, と説明されている部分が鍵。take advantage of は「～を活用する、～の特典をいかす」という意味で、設問文ではこれを what benefit...?（どんな特典か）と言い換えて質問している。また広告の low group rates が、選択肢では discounts for groups と表されている。その他の選択肢の内容は述べられていないので誤答。

15. 正解 (D) ★★

解説 広告の最後で、We're open from 7:00 A.M. to 11:00 P.M. every day! から、営業時間は午前7時から午後11時で毎日同じだとわかるので、正解は (D)。We're open from ～ to ...（～から...まで開いています）や business hours（営業時間）など営業時間を表す表現はTOEIC頻出。

> スクリプト

CD 22

Questions 13 through 15 refer to the following advertisement.

Looking for a place to relax with family and friends? Visit Happy World, where the fun never ends. Your entrance ticket allows you on all of our rides. Take advantage of our low group rates for 20 or more people, but remember to reserve such tickets in advance. Even better, children under the age of four get in for free! And don't worry; if your children are small, we've got plenty of rides, like the Fun Coaster, that are designed especially for them. After you enjoy yourself on our attractions, relax by having something to eat at any of the 37 restaurants that comprise our Food Court. You'll be able to have anything from pizza to tacos to noodles! Parking is free. Visit the Happy World Web site to find out more about us. We're open from 7:00 A.M. to 11:00 P.M. every day!

設問 13 から 15 は次の広告に関するものです。
家族や友人とくつろぐ場所をお探しですか。楽しさ無限のハッピー・ワールドにお越し下さい。入場券で全部の乗り物をご利用いただけます。20人以上の団体様向けの割引券もご利用下さい。ご利用には事前予約が必要です。そして、4歳未満のお子様は無料です。ご心配なく。ファン・コースターなど、特に小さいお子様のために作られた乗り物もたくさんあります。アトラクションを楽しんだ後は、37つのレストランがあるフード・コートでのお食事で、おくつろぎ下さい。ピザ、タコス、麺類何でも揃っています。駐車は無料です。さらに詳しい情報は、ハッピー・ワールド・ウェブサイトでご確認ください。毎日、午前7時から午後11時まで営業しています。

Lesson 11

選択肢の訳

13. 何が広告されていますか。
   (A) 動物園
   (B) ショッピングセンター
   (C) 遊園地
   (D) 会議場

14. 広告では、どんな特典について述べられていますか。
   (A) 団体割引
   (B) オンライン支払い
   (C) 規模の拡張
   (D) 食事の配達

15. 広告には、次のどれが示されていますか。
   (A) 駐車場が拡張された。
   (B) メニューが改訂された。
   (C) 支出が増えた。
   (D) 営業時間は毎日同じである。

- **allow** 動 ～を許可する
- **take advantage of** ～をうまく利用する、活用する
- **in advance** 前もって、事前に
- **comprise** 動 ～を構成する
- **advertise** 動 ～を広告する
- **convention** 名 会議
- **expand** 動 ～を拡張する

[正解・解説] Exercise 2 (Q16 ～ Q18)

16. 正解 (A) ★

解説 冒頭部分でレポーターが自己紹介の後、news about the roads, streets and highways と言っているので交通情報のレポートだとわかる。よって (A) が正解。(B)(C) の内容は報告されていないので誤答。地域での文化行事を開催することは、報告されているが主要な部分とはいえないので、(D) も当てはまらない。

17. 正解 (C) ★★

解説 2文目の Vehicles are backed up on southbound Highway 16 because of a truck that has broken down の部分で、トラックが故障して渋滞になっていることが報告されているので、正解は (C)。市街地への乗り入れについては、時間がかかることは報告されているが、封鎖されたとは報告されていないので (A) は誤答。学校の講座の中止や、お祭りの延期について該当する内容は述べられていないので (B)(D) も誤答。この報告に使われている be backed up、be jammed with の他に be stuck with も「渋滞している」という状態を表す用語として覚えておこう。

18. 正解 (A) ★★

解説 次に何が起こるかは、終盤で明らかになる場合がほとんど。この報告でも8文目でレポーターが、we're going to listen to True Hearts, the new hit song... と紹介していることから、正解は (A)。song followed by business news は、曲に続いてビジネスニュースがある、という順序を表している。コマーシャル、天気予報は、さらにその後に続く。Right now (それでは)、～ followed by... (～に続いて...)、Then (その後) など、話を区切る語句や順序を表す語句に注意すれば、話の流れが掴みやすくなる。

Lesson 11

スクリプト   CD 23

Questions 16 through 18 refer to the following report.

Good morning, this is Amir Khan with news about the roads, streets and highways in and around our city. Vehicles are backed up on southbound Highway 16 because of a truck that has broken down in the right-hand lane. Although the other lanes are open, cars are moving much more slowly than normal. Expect an extra 30 minutes of travel time if you need to take that road into the downtown area. Be advised that the Metro Arts Festival opens today. As a result, roads in the area are expected to be jammed with cars from 5:00 P.M. onwards. If you're driving by it on your way home from school or work, plan accordingly. Right now, we're going to listen to *True Hearts*, the new hit song by Melissa Kim, followed by business news. Then, after a few commercials, we'll have weather information.

設問 16 から 18 は次のレポートに関するものです。
おはようございます、アミール・カーンが市内と周辺の主要道、一般道、高速道のニュースをお伝えします。右側車線で故障したトラックのためハイウェイ16号線の南方面行きで、渋滞が発生しています。他の車線は通行できますが、通常よりかなり走行速度が落ちています。16号線で都心部へ行く方は30分余分にみておく必要があるでしょう。メトロ・アーツ・フェスティバルが本日から開催されます。そのため午後5時以降、その周辺では渋滞が予想されます。車で通勤通学されている方はご注意ください。それでは、メリッサ・キムの新ヒット曲トゥルー・ハーツに続いて、ビジネスニュースをお送りします。その後、コマーシャルをはさんで気象情報です。

選択肢の訳

16. 主に、何に関するレポートですか。
- (A) 地域の交通状況
- (B) エネルギー効率のよい通勤
- (C) 自動車所有者向け修理のヒント
- (D) 地域での文化行事

17. 何の問題が報告されていますか。
- (A) 都心部の一部が封鎖されている。
- (B) 学校の講座が取り止めになった。
- (C) 事故が起こった。
- (D) お祭りが延期された。

18. 聞き手は、次に何を聞きますか。
- (A) 音楽
- (B) 製品のコマーシャル
- (C) ビジネスニュース
- (D) 気象情報

- ☐ **lane** 名 車線
- ☐ **accordingly** 副 状況に応じて、適宜
- ☐ **commute** 動 通勤通学する
- ☐ **occur** 動 発生する、生じる
- ☐ **onwards** 副 前方へ
- ☐ **efficient** 形 効率の良い
- ☐ **tip** 名 ヒント、秘訣

Lesson 12

> **Exercise 1**

19. Why has Ellen left this message?

(A) To change a meeting

(B) To make a request

(C) To cancel a reservation

(D) To ask for event information

20. According to the message, how many people did Ellen invite?

(A) 6

(B) 7

(C) 8

(D) 9

21. What is Tim asked to do?

(A) Call the speaker

(B) Host a dinner

(C) Send a message

(D) Provide more details

Exercise 2

22. What is the purpose of the speech?
    - (A) To market property
    - (B) To launch a facility
    - (C) To gather opinions
    - (D) To recruit volunteers

23. Who is the speaker?
    - (A) An architect
    - (B) A teacher
    - (C) A writer
    - (D) A politician

24. According to the speaker, what is important for the community?
    - (A) Printing more books
    - (B) Providing places to gather
    - (C) Building more schools
    - (D) Motivating the public to vote

Lesson 12

[正解・解説] Exercise 1 (Q19 ～ Q21)

19. 正解 (B) ★

解説 3文目でエレンが Could you call Le Figaro on Castle Street for me to make reservations...? と言って、自分のために予約してほしいとお願いしていることから正解は (B)。Could you...? が「〜していただけますか」と丁寧に依頼する場合に使う定型表現であることからも、エレンが何かを頼むために電話してきたことがわかる。

20. 正解 (A) ★★

解説 3文目でエレンが、I've asked six people to come と伝言しているので (A) が正解。ask ... to come が、設問では invite と言い換えられている。

21. 正解 (C) ★

解説 エレンはティムに、夕食場所の予約を取った後、don't forget to send me a text message to confirm it to me と、自分あてに確認の事後報告をするように念押ししている。つまり、ティムは連絡をするように言われているので、(C) が正解。text message は携帯電話・携帯端末からのテキストメールという意味で、call（電話をかける）するわけではないので選択肢 (A) は誤答となる。

> スクリプト

Questions 19 through 21 refer to the following telephone message.

Hello Tim, this is Ellen calling. I want to meet with some of our vice-presidents to discuss our quarterly report and plan to do that over a business dinner tonight. I've asked six people to come. Could you call Le Figaro on Castle Street for me to make reservations for seven people including me? Ask for seating near the window, available for us any time between 7:00 and 8:00 P.M. I'd also like them to prepare one special vegetarian menu for Mr. Wu, since he doesn't eat meat. And after you finish doing that, don't forget to send me a text message to confirm it to me. Thanks a lot.

設問 19 から 21 は次の電話メッセージに関するものです。

こんにちはティム、エレンです。今夜、部長の何人かと会って、夕食をとりながら、四半期報告を話し合いたいと思っています。6人の方に来てもらうようお願いしました。キャッスル・ストリートのレ・フィガロに電話して、私を含めて7人分の予約を電話で入れてくれますか。午後7時から8時の間で窓際の座席を頼んで下さい。また、ウーさん用にベジタリアン料理も1つ特別に用意してもらってください。ウーさんは肉を食べないのです。すんだら、私あてに携帯電話で確認メールを送るのを忘れないでくださいね。よろしくお願いします。

Lesson 12

選択肢の訳

19. エレンはなぜ伝言を残したのですか。
- (A) 会議を変更するため
- (B) 頼みごとをするため
- (C) 予約を取り消すため
- (D) 催事情報について尋ねるため

20. 伝言によると、エレンは何人の人を招きましたか。
- (A) 6人
- (B) 7人
- (C) 8人
- (D) 9人

21. ティムは、何をするよう頼まれていますか。
- (A) 話者に電話をする
- (B) 夕食を取り仕切る
- (C) メッセージを送る
- (D) もっと詳細を知らせる

☐ **vice president** 副社長、部長　　☐ **quarterly** 形 四半期の
☐ **text message** 携帯電話・携帯端末でのテキストメール
☐ **confirm** 動 ～を確かめる　　☐ **detail** 名 詳細

[正解・解説] Exercise 2 (Q22 〜 Q24)

22. 正解 (B) ★★

解説 冒頭の挨拶に続き、ベルトン図書館が5年前に計画されたことを述べ、I'm pleased to announce its opening. と言っている。opening を launch に、Belton Library を facility に言い換えた (B) が正解。TOEIC では、施設を表す語を言い換えて出題されることが多い。例えば、library（図書館）や university（大学）を、facility（施設）や institution（機関）に言い換えるなど。

23. 正解 (D) ★

解説 As mayor, I'm pleased to announce its opening. と述べていることから、話者は市長だとわかる。mayor を politician と言い換えた (D) が正解。politician とよく言い換えられる語句として他に、governor（知事）、prime minister（首相）、city council member（市議会員）などもある。

24. 正解 (B) ★★★

解説 終盤で、話者は That's because it's a public area that everyone can enjoy free of charge. と言って、ベルトン図書館は誰もが無料で楽しめる公共の場所だから地域で大切だと述べている。その具体例として多数の蔵書や端末だけでなく、大人や子供向けプログラムがあり、市民の集まりも主催することが挙げられているが、これらを"集まる場所の提供"とまとめた (B) が正解。

Lesson 12

スクリプト　　　　　　　　　　　　　　　　　　　　　　CD 25

Questions 22 through 24 refer to the following speech.

Good morning. It's great to see you all here on this wonderful occasion. Belton Library was planned five years ago with the intention of creating an important educational space for the community. As mayor, I'm pleased to announce its opening. In addition to having a wide selection of books and 10 free computer terminals with Internet access, the library will have activities such as adult learning programs and children's reading workshops. It will also host citizens' meetings. Despite the fact that this is the digital era, places like Belton will remain an important part of the community. That's because it's a public area that everyone can enjoy free of charge.

設問 22 から 24 は次のスピーチに関するものです。
おはようございます。この素晴らしい機会に、ここで皆さまにお会いできてとても嬉しいです。ベルトン図書館は、地域の重要な教育スペースを作ろうと5年前に計画されました。市長として、謹んで開館を発表させていただきます。多岐にわたる蔵書と無料で使える10台のインターネット接続のコンピュータ端末に加え、この図書館では、大人向け学習プログラムや子供向け読書ワークショップといった活動を行います。また、市民の集会も主催します。今はデジタルの時代ですが、ベルトンのような場所は地域の大切な一部であり続けるでしょう。なぜなら、誰もが無料で楽しめる公共の場所だからです。

選択肢の訳

22. スピーチの目的は何ですか。
   (A) 不動産を売り出す
   (B) 施設をスタートする
   (C) 意見を集める
   (D) ボランティアを勧誘する

23. 話者は誰ですか。
   (A) 建築家
   (B) 教師
   (C) 作家
   (D) 政治家

24. 話者によると、地域には何が大切ですか。
   (A) もっと本を印刷すること
   (B) 集まる場所を提供すること
   (C) もっと学校を建てること
   (D) 人々に投票を促すこと

- **occasion** 名（特定の）時、行事
- **intention** 名意図、意思
- **mayor** 名市長
- **computer terminal** コンピューター端末
- **host** 動〜を主催する
- **free of charge** 無料で

Lesson 13

> Exercise 1

CD 26

25. Who is the speaker most likely talking to?

(A) Business reporters

(B) Financial regulators

(C) Company employees

(D) University students

Ⓐ Ⓑ Ⓒ Ⓓ

26. According to the speaker, what is a benefit of the plan?

(A) Less tax may be paid.

(B) Retirement may be taken earlier.

(C) Pensions may be increased.

(D) School expenses may be covered.

Ⓐ Ⓑ Ⓒ Ⓓ

27. Where does Barbara Kumagai work?

(A) In Accounting

(B) In Operations

(C) In Human Resources

(D) In Marketing

Ⓐ Ⓑ Ⓒ Ⓓ

Part 4

> **Exercise 2**

CD 27

28. What is the main purpose of the speech?

   (A) To detail schedule changes

   (B) To grant an award

   (C) To introduce the area

   (D) To ask for charity donations Ⓐ Ⓑ Ⓒ Ⓓ

29. According to the speaker, what makes Blake City special?

   (A) It has had many inventions.

   (B) It is the largest city in the region.

   (C) It is abundant in media talent.

   (D) It has developed a world-class financial sector. Ⓐ Ⓑ Ⓒ Ⓓ

30. Who is Rigoberta Lopez?

   (A) An investor

   (B) A scholar

   (C) An event planner

   (D) An executive Ⓐ Ⓑ Ⓒ Ⓓ

Lesson 13

[正解・解説] Exercise 1 (Q25 〜 Q27)

25. 正解 (C) ★

解説 最初に I'm here to tell you about some changes that will affect all of our staff... と述べている部分で、聞き手はスタッフだと推測できる。また4文目 Let me assure you that employee participation is not mandatory. の部分からも従業員に向けた話だと確認できる。これらのことから、聞き手は (C)「会社の従業員」と考えるのが自然。

26. 正解 (A) ★★★

解説 プランの利点は、Employees investing in any of these can deduct the expense from their taxes each month and so pay less of them. の部分で述べられている。最後の them は直前の their taxes のことなので、(A) が正解。TOEIC では、この話にある pension plan（年金制度）、retirement option（退職プラン）の他に、health insurance system（健康保険制度）や house allowance（住宅手当）など会社の benefits package（福利厚生、諸手当）が取り上げられることも多い。

27. 正解 (C) ★★

解説 話者は最後に、「参加希望者は、人事のバーバラ・クマガイ（Barbara Kumagai in Human Resources）に連絡するように」と述べている。よって、バーバラ・クマガイは人事部門で働いているとわかる。選択肢の部門名はいずれも TOEIC 頻出。特に Human Resources は、よく HR と省略されて頭文字のみで使われる。その際、発音も [eitʃ ɑːr] になることも知っておくと聞き取りに役立つ。

> Part 4

> スクリプト

Questions 25 through 27 refer to the following talk.

I'm here to tell you about some changes that will affect all of our staff regarding retirement. Previously, there was a standard pension plan, but now we are converting that to retirement options such as stock or money market funds or bonds. Employees investing in any of these can deduct the expense from their taxes each month and so pay less of them. Let me assure you that employee participation is not mandatory. You remain free to choose a private retirement plan, or you can simply make other retirement arrangements that you may see fit. This plan is open to everyone in the marketing, operations and other departments who has worked here for at least 9 months. If you wish to participate, please contact Barbara Kumagai in Human Resources as soon as possible.

設問 25 から 27 は次の話に関するものです。
退職に関して、スタッフ全員に影響するいくつかの変更についてお知らせします。以前には標準年金プランがありましたが、現在は株や金融市場のファンドや債券などの退職オプションに変更しています。これらに投資する従業員は、毎月税金から費用が控除できますので、支払う税金が少なくなります。従業員の参加は義務ではないのでご安心ください。民間の退職プランを自由に選べますし、自分にふさわしいと思う他の退職準備をすることもできます。最低9ヶ月間ここで働いているマーケティング、業務、他の部門の方は、どなたでもこのプランに入れます。入りたい方は、早急に人事のバーバラ・クマガイに連絡してください。

Lesson 13

選択肢の訳

25. 話者はおそらく誰に話をしているでしょうか。
(A) ビジネス担当の記者
(B) 金融規制当局者
(C) 会社の従業員
(D) 大学生

26. 話者によると、このプランの利点は何ですか。
(A) 税金が少なくて済むかもしれない。
(B) 早期退職が選択できるかもしれない。
(C) 年金が増えるかもしれない。
(D) 学校の費用が支払われるかもしれない。

27. バーバラ・クマガイはどこで働いていますか。
(A) 会計で
(B) 業務で
(C) 人事で
(D) マーケティングで

- **affect** 動 〜に影響する
- **previously** 副 以前に
- **convert** 動 〜を…に変える (**to...**)
- **participation** 名 参加
- **fit** 形 ぴったりの、ふさわしい
- **regarding** 前 〜に関して
- **pension plan** 年金プラン
- **deduct** 動 〜を差し引く、控除する
- **mandatory** 形 義務的な
- **participate** 動 参加する

[正解・解説] Exercise 2 (Q28 ～ Q30)

28. 正解 (C) ★★

解説 第7回グローバル・ユニオン・ロボティックス年次会議の開会式でのスピーチ。開催地である Blake City では、数々の技術的躍進を果たしており、この地で得られる世界的チャンスを見てもらうという会議の趣旨が述べられている。Blake City のことを the area と言い換えている (C) が正解。

29. 正解 (A) ★★★

解説 会議の開催地ブレイク・シティについては、いろいろと話されているが、2文目で which has produced so many great technological breakthroughs「数多くのすばらしい技術的躍進を果たした」と述べている。この technological breakthroughs を inventions と言い換えた (A) が正解。

30. 正解 (D) ★

解説 最後の文で、リゴバータ・ロペス を CEO of D9 Software と紹介している。CEO を executive（重役）と言い換えた (D) が正解。

Lesson 13

スクリプト 　　　　　　　　　　　　　　　　　　　　CD 27

Questions 28 through 30 refer to the following speech.

I'm happy to welcome you to the opening ceremony of the Seventh Annual Global Union Robotics Conference. We believe it is only appropriate for this event to be held in Blake City, which has produced so many great technological breakthroughs in recent years. Our intention is to show scholars, executives, and investors the world-class opportunities available here. In addition to being home to abundant talent, the region attracts capital from all over the world. Now, I want to introduce Rigoberta Lopez, CEO of D9 Software, who will speak more extensively on the incredible regional growth here.

設問 28 から 30 は次のスピーチに関するものです。
第7回グローバル・ユニオン・ロボティックス年次会議の開会式に皆さんをお迎えして嬉しく思います。このイベントは、ブレイク・シティで開催するのに相応しいと思っています。ブレイク・シティでは、近年、多数のすばらしい技術上の躍進を果たしています。私どもとしましては、学者や重役、投資家の方々に、世界に通用するチャンスがこの地にあることを見ていただきたいと思っております。豊富な才能が生まれていることに加え、この地は世界中からの資本金を引きつけているのです。では、D9ソフトウェアのCEOであるリゴバータ・ロペスさんを紹介させていただきます。この地の驚くべき成長ぶりについて、さらにお話をしていただきます。

選択肢の訳

28. スピーチの主な目的は何ですか。
 (A) スケジュール変更について詳しく述べること
 (B) 賞を与えること
 (C) 地域を紹介すること
 (D) チャリティーの寄付を求めること

29. 話者によると、ブレイク・シティは何が特別なのですか。
 (A) 多くの発明がされてきた。
 (B) 地域で最大の都市である。
 (C) メディア関連の才能が豊富にある。
 (D) 世界レベルの金融部門を発達させている。

30. リゴバータ・ロペスとは誰ですか。
 (A) 投資家
 (B) 学者
 (C) イベント・プランナー
 (D) 重役

- **appropriate** 形適切な
- **scholar** 名学者
- **opportunity** 名機会、チャンス
- **region** 名地域
- **capital** 名資本（金）
- **CEO (Chief Executive Officer)**　最高責任経営者
- **extensively** 副広範囲に
- **incredible** 形驚くべき、信じられない
- **breakthrough** 名大発見、躍進
- **investor** 名投資家
- **abundant** 形豊富な
- **attract** 動～を引きつける

Lesson 14

> Exercise 1

(CD 28)

31. What does the speaker say about Keelson Furniture Company?
 (A) It has launched new brands.
 (B) It has increased its market share.
 (C) It has exceeded a target.
 (D) It has recruited a new CEO. Ⓐ Ⓑ Ⓒ Ⓓ

32. According to the speaker, what should listeners be concerned about?
 (A) Sales have fallen during the last year.
 (B) Consumers are demanding higher quality.
 (C) The national economy may change.
 (D) An internal study may be inaccurate. Ⓐ Ⓑ Ⓒ Ⓓ

33. What are listeners asked to do next?
 (A) Send e-mails
 (B) Offer suggestions
 (C) Break for lunch
 (D) Return to their desks Ⓐ Ⓑ Ⓒ Ⓓ

Part 4

Exercise 2

(CD 29)

34. What type of business is this advertisement for?

 (A) A restaurant

 (B) A delivery company

 (C) A manufacturer

 (D) A grocery store Ⓐ Ⓑ Ⓒ Ⓓ

35. According to the advertisement, what is being promoted?

 (A) A new location

 (B) Longer business hours

 (C) Lower item prices

 (D) Safer operations Ⓐ Ⓑ Ⓒ Ⓓ

36. What are listeners invited to do?

 (A) Renew their cards

 (B) Apply for assistant positions

 (C) Report broken products

 (D) Purchase soon Ⓐ Ⓑ Ⓒ Ⓓ

Lesson 14

[正解・解説] Exercise 1 (Q31 ～ Q33)

31. 正解 (C) ★★

解説 我々キールサン・ファニチャー・カンパニーは今年、beaten our sales goal by six percent と述べている。beaten を exceeded で、sales goal を target で言い換えた (C) が正解。beat は、「～を打つ、たたく」だけでなく「～を負かす、～をしのぐ」の意味をもつ重要動詞として確認しておこう。また、前置詞 by は「～の差で」という意味。

32. 正解 (C) ★★★

解説 話者は、a word of caution（注意の一言）と言って、聞き手の注意を引きつけ、来年も同じように目標を上回るのは大変かもしれないと述べ、その原因を as the national economy may slow down と説明している。このことを一言でまとめた (C) が正解。may slow down が may change に言い換えられている。また、caution（注意）や warning（警告）などの語は、リスニングパートだけでなくリーディングパートでも役立つ重要語。

33. 正解 (B) ★★

解説 次にすることは、終盤で明らかになる場合がほとんど。この話でも9文目で、話者が聞き手に対して I want you to share your ideas と述べ、アイディアを会議で提案するよう求めている。このことを Offer suggestions で言い換えた (B) が正解。この want + 人 + to do は「（人）に～してほしい」という意味で、設問の ask + 人 + to do「（人）に～するように頼む」と共によく使う表現として覚えておこう。

> スクリプト

Questions 31 through 33 refer to the following talk.

Before we begin, I'd like to make an announcement. I'm pleased to announce that we here at Keelson Furniture Company have beaten our sales goal by six percent for the year. Most of that was due to our classic brands selling well. They're old, but still quite profitable. CEO Gupta has already congratulated us on our fine results. However, a word of caution: it may not be easy to repeat this next year. Our market is growing increasingly competitive and our recent study shows that consumers could be spending less next year as the national economy may slow down. Clearly, we have to do even better than last year. Rather than exchange e-mails as we normally might, I want you to share your ideas at this meeting about how we can improve performance. After we talk for a while about that, we'll break for an hour-long lunch before returning.

設問 31 から 33 は次の話に関するものです。

始める前に、発表があります。キールサン・ファニチャー・カンパニーは今年、販売目標を6パーセント上回ったことを謹んでお知らせいたします。昔からのブランドの販売が好調というのが、主な理由です。古いブランドですが、今なお高い収益が出ています。CEOのグプタさんからは既に、今回のことでお祝いの言葉をいただいています。しかしここで申し上げたいのは、来年も同じ結果を出すのは、簡単ではないということです。市場はますます競争が激しくなっており、当社の最近の調査によると、国内経済が減速するにつれ、来年の消費者支出は下がる可能性があります。明らかに、去年より頑張らないといけません。通常のようにメールのやり取りをするより、この会議で、業績を上げる方法について皆さんのアイディアを共有してほしいのです。これについてしばらく話し合った後、1時間のランチ休憩を取って再開します。

Lesson 14

選択肢の訳

31. 話者はキールサン・ファニチャー・カンパニーについて何と言っていますか。
(A) 新しいブランドを立ち上げた。
(B) 市場でのシェアを上げた。
(C) 目標を超えた。
(D) 新CEOを迎えた。

32. 話者によると、聞き手は何を心配するべきですか。
(A) 去年の売上げが落ちた。
(B) 消費者はもっと高い品質を求めている。
(C) 国の経済が変化するかもしれない。
(D) 社内調査は不正確かもしれない。

33. 聞き手は、次に何をするよう求められていますか。
(A) メールを送る
(B) 提案をする
(C) ランチ休憩をとる
(D) デスクに戻る

- [ ] **beat** 動～を打ち破る
- [ ] **caution** 名警告、注意
- [ ] **consumer** 名消費者
- [ ] **share** 動～を共有する
- [ ] **break** 動中断する
- [ ] **congratulate** 動～を祝う
- [ ] **competitive** 形競争的な
- [ ] **exchange** 動～を交換する
- [ ] **performance** 名業績

Part 4

[正解・解説] Exercise 2 (Q34 〜 Q36)

34. 正解 (D) ★

解説 冒頭の Grant's is where you can find the best deals. から、これはグランツという店の広告である。coffee、apples、dishwashing liquid などのキーワードからこの店は食料雑貨品店とわかるので (D) が正解。grocery store は、小型スーパーマーケットのイメージでとらえればよい。

35. 正解 (C) ★

解説 何を宣伝しているかは、広告の最初に現れる場合が多い。ここでも2文目の We're offering a number of exceptional discounts. の部分から、特別割引を宣伝していることがわかる。他の marked down 12 percent、15 percent off などの部分でも確認できる。このことを言い換えた (C) が正解。この問題では、discount（値引き）、off（割り引いて）、lower prices（低価格）、mark down（〜を値下げする）、best deals（一番のお買い得品）、values（お値打ち品）など、値引きを表す表現が満載である。

36. 正解 (D) ★★

解説 割引は日曜で終わると述べたあと、hurry to take advantage of these values と述べている。よって、(D)「すぐに購入する」が正解。

Lesson 14

スクリプト   CD 29

Questions 34 through 36 refer to the following advertisement.
Grant's is where you can find the best deals. We're offering a number of exceptional discounts. Buy our exclusive, ultra-strong Brazilian coffee, marked down 12 percent. Pick up farm-fresh green apples on the first floor at 15 percent off. Come in to pick up a bottle of *Brite Glow* dishwashing liquid, now an attractive 16 percent off. Grant's Store cardholders buying any of these items will receive an additional 5 percent off. While you shop, speak to any of our floor assistants if you need help picking out the items that best meet your needs. You can enjoy these benefits until Sunday at 11:00 P.M., so hurry to take advantage of these values. Hope to see you soon at Grant's!

設問 34 から 36 は次の広告に関するものです。
一番のお買い得品はグランツで見つかります。特別割引が数多くあります。当店だけの特別に濃いブラジルコーヒーを12％引きでお求めいただけます。1階では農園でもぎたての青りんごが15％引き。ブライト・グロウ食洗機液体洗剤はただ今お得な16％引きですので、ぜひお買い求め下さい。グランツ・ストアのカード会員様で、これらの商品を購入される方は、さらに5％割引になります。お買い物の際、お求めの商品を選ぶお手伝いが必要でしたら、フロアの店員に声をかけてください。日曜日の午後11時までの特典ですので、お値打ち品はお早めにご利用ください。グランツにすぐお越しいただけますよう。

Part 4

選択肢の訳

34. これは、何の業種の広告ですか。
(A) レストラン
(B) 運送会社
(C) 製造業社
(D) 食料雑貨品店

35. 広告では、何が宣伝されていますか。
(A) 新しい場所
(B) 業務時間の延長
(C) 商品の値下げ
(D) より安全な業務

36. 聞き手は何をするよう求められていますか。
(A) カードを更新する
(B) アシスタント職に応募する
(C) 壊れた製品について報告する
(D) すぐに購入する

- **exceptional** 形特別な
- **mark down** 〜を値下げする
- **attractive** 形魅力的な
- **meet your needs** ニーズを満たす
- **exclusive** 形独占的な
- **liquid** 名液体
- **cardholder** 名会員証保持者
- **valuable** 形価値ある、貴重な

Lesson 15

Exercise 1

37. Where does the speaker probably work?
    (A) In a department store
    (B) At a university
    (C) In a marketing office
    (D) In a factory

38. According to the speaker, what is the purpose of the change?
    (A) To lower costs
    (B) To attract new workers
    (C) To speed up a process
    (D) To meet academic targets

39. When will the change take place?
    (A) In 12 hours
    (B) Tomorrow
    (C) The day after tomorrow
    (D) In two weeks

Part 4

Exercise 2

CD 31

40. What kind of business is Hightower?

(A) A utilities corporation

(B) A movie theater

(C) A museum

(D) A software company

41. How can callers register for memberships?

(A) By pressing 1

(B) By pressing 2

(C) By using a Web site

(D) By calling a different number

42. Why would a caller press 4?

(A) To speak with an operator

(B) To make a payment

(C) To contact Human Resources

(D) To hear the message again

Lesson 15

［正解・解説］Exercise 1 (Q37 ～ Q39)

37. 正解 (D) ★★

解説 最初に、we'll be operating 2 assembly line shifts と述べていることや、最後に get back to our machines と言っていることから、工場で働いているとわかるので正解は (D)。output targets や be paid overtime のキーワードが事務所で使われることも考えられるが、この設問では、他の部分で工場であると判断できる上に、マーケティングの話はどこにも出ていないので (C) は誤答。どこで働いているかという設問の場合、回答者を混乱させる余分な情報が与えられる場合が多いので、話全体を聞き取って回答するようにしよう。

38. 正解 (C) ★

解説 2シフト勤務になることを知らせた後、we'll be able to make production faster と述べている。この make production を a process、faster を speed up で言い換えた (C) が正解。

39. 正解 (B) ★★

解説 新しい2シフト勤務について一通り説明した後、This will begin tomorrow と述べているので、(B) が正解。12-hour は1シフト当りの勤務時間の長さを説明するもの、two weeks は新しいシフトに慣れるまでの期間として使われている数字で、変更が実施される時期とは関係ないので (A)(D) とも誤答。

Part 4

スクリプト　　　　　　　　　　　　　　　　　　　　CD 30

Questions 37 through 39 refer to the following talk.

Soon, we'll be operating 2 assembly line shifts instead of 3. This means that each of you will now be on 12-hour shifts. After we do this, we'll be able to make production faster so that we can meet our industrial output targets better. You'll continue to be paid overtime as usual for any work you do beyond 40 hours per week. Also, keeping in mind the longer hours of work, we have introduced two meal breaks within each shift. This will begin tomorrow and during the first one or two weeks you may have some difficulty getting used to it. However, we're sure you'll adjust. If there is anything else you need to know, please ask me any time. Thank you and let's get back to our machines.

設問 37 から 39 は次の話に関するものです。
まもなく、組立てラインは3シフトでなく2シフトでの稼動となります。つまり、皆さんそれぞれが、12時間の交替勤務になります。これをすると、製造にかかる速度を上げることができ、工業生産目標が達成しやすくなります。週40時間を越える業務は、通常通り残業手当が支払われます。また、業務時間が長くなることを考慮し、各シフト勤務に2回の食事休憩を導入します。これは明日からで、最初の1、2週間はなじめないかもしれませんが、きっと慣れていただけるでしょう。他に何か知りたいことがあれば、いつでも私に聞いてください。よろしくお願いします。機械のところに戻ってください。

Lesson 15

選択肢の訳

37. 話者は、おそらくどこで働いているでしょうか。
　(A) デパートで
　(B) 大学で
　(C) マーケティングの事務所で
　(D) 工場で

38. 話者によると、変更の目的は何ですか。
　(A) コストを下げるため
　(B) 新しい従業員を得るため
　(C) 工程の速度を上げるため
　(D) 学術的目標を達成するため

39. 変更はいつ行われますか。
　(A) 12時間後に
　(B) 明日
　(C) 明後日
　(D) 2週間後に

- **operate** 動〜を運転する
- **assembly line** 組立てライン
- **instead of** 〜の代わりに
- **output** 名生産高
- **keep ... in mind** 〜を心に留めておく
- **introduce** 動〜を導入する
- **adjust** 動順応する

[正解・解説] Exercise 2 (Q40 〜 Q42)

40. 正解 (C) ★

解説 a special Art of Indonesia exhibit を6月30日まで行っていることや、a list of other exhibits と案内していることから、美術館であることがわかる。

41. 正解 (C) ★★

解説 チケット購入と年間会員の希望については please go to www.hightower90.com と、ウェブのサイトに行くよう述べている。よって (C) が正解。録音メッセージはＴＯＥＩＣの定番問題。問題アナウンスの Questions 40 through 42 refer to the following recorded message. の部分で、録音メッセージだとわかった場合、何番を押せばどのような情報を得られるという案内や、営業時間などの情報が多いので、予測しながら聞き取ることが重要。

42. 正解 (D) ★★

解説 最後のほうで To hear this message repeat, press 4. というメッセージが流されるので、(D) が正解。他にも、電話に関する問題でよく使われる extension (内線) や disconnected (電話が切れている) などの単語を確認しておこう。

Lesson 15

スクリプト　　　　　　　　　　　　　　　　　　　　　　　CD 31

Questions 40 through 42 refer to the following recorded message.

Thank you for calling the Automated Directory of Hightower. If you know the extension of the party you wish to contact, press 1 followed by the extension number. We are pleased to currently have a special Art of Indonesia exhibit on display through June 30. For a list of other exhibits, please press 2. If you wish to buy tickets or yearly memberships, please go to www.hightower90.com. Press 3 to speak to an operator. Please call 902-412-8170 if you have Human Resources questions. To hear this message repeat, press 4. Otherwise, this line will be disconnected. Thank you.

設問 40 から 42 は次の録音メッセージに関するものです。
ハイタワーの自動応答案内にお電話ありがとうございます。連絡したい相手の内線をご存知でしたら、1の後に内線番号を押してください。現在、インドネシア芸術の特別展示を6月30日まで行っております。他の展示については、2を押してください。チケット購入、または年間会員を希望でしたら、www.hightower90.comへお願いします。オペレーターと話をされる方は、3を押してください。人事部へのご質問は、902-412-8170 に電話してください。このメッセージを再度聞くには、4を押してください。それ以外では、この電話が切れます。ありがとうございました。

Part 4

選択肢の訳

40. ハイタワーは何の業種ですか。
　(A) 公益事業会社
　(B) 映画館
　(C) 美術館
　(D) ソフトウェア会社

41. 通話者は、どうやって会員に登録できますか。
　(A) 1を押す
　(B) 2を押す
　(C) ウェブサイトを使う
　(D) 別の番号に電話をかける

42. 通話者は、何のために4を押すでしょうか。
　(A) オペレーターと話をするため
　(B) 支払をするため
　(C) 人事部に連絡するため
　(D) 再度メッセージを聞くため

- **extension** 名（電話の）内線
- **exhibit** 名展示（会）
- **otherwise** 副さもなければ
- **disconnected** 形（電話が）切れている
- **utilities** 名（電気・ガス・水道などの）公益事業
- **party** 名相手
- **on display** 陳列して、展示して

Lesson 16

> **Exercise 1**

43. What is the talk mainly about?

(A) Airline policies

(B) International investments

(C) Travel options

(D) Consumer surveys

44. According to the speaker, what will the listeners receive?

(A) Complimentary tickets

(B) Printed matter

(C) Web site development tips

(D) Accommodation discounts

45. What will most likely happen next?

(A) Another speaker will talk.

(B) A lecture will begin.

(C) A tour will start.

(D) Questions will be taken.

Exercise 2

46. What is the main purpose of the talk?

   (A) To announce an award

   (B) To detail a competition

   (C) To provide employee feedback

   (D) To explain a new product

47. According to the speaker, what must be submitted?

   (A) Financial projections

   (B) Work samples

   (C) Personnel records

   (D) Monthly schedules

48. When will RBS make a decision?

   (A) In June

   (B) In July

   (C) In August

   (D) In September

Lesson 16

[正解・解説] Exercise 1 (Q43 〜 Q45)

43. 正解 (C) ★

解説 トークの場合、話の目的や内容などは通常最初に述べる。2文目に I want to say a few words to you about vacation planning. と話の目的を述べている。vacation planning を travel options と言い換えた (C) が正解。

44. 正解 (B) ★★★

解説 聞き手が何を受け取るか、という質問なので、話者が何かを渡すと言っている部分を聞き逃さないこと。このトークの中では、I'm also going to distribute some pamphlets and other literature とパンフレットなどを渡すと言っている。pamphlets や literature を printed matter と言い換えた (B) が正解。

45. 正解 (B) ★

解説 次に起こることは、通常最後の方でわかる。この話でも最後に I'll strat my talk now と言っていることから、今から本格的に話が始まることがわかり、talk を lecture と言い換えている (B) が正解。

> スクリプト

Questions 43 through 45 refer to the following talk.

I've been a tourism professional for over 20 years, so I've gained a lot of experience in this field. Tonight, I want to say a few words to you about vacation planning. Many people are unsure about where to go during these times. With so much information about the many choices available, it's hard to know what to do. I'm going to try to personally guide you toward vacations suitable for a variety of budgets. I will deal with some of the benefits of vacationing nationally as well as overseas and review some of the best travel Web sites and magazines where you can find bargain tour packages, airline tickets and hotel accommodations. Before you go, I'm also going to distribute some pamphlets and other literature that may help you. I'll start my talk now, and it will take about 30 minutes. Afterwards, I'll be happy to answer your questions.

設問43から45は次の話に関するものです。
私は20年以上観光事業に携わっておりますので、この分野では多くの経験を積みました。今夜皆さんに休暇の企画立案について少しお話させていただきます。この時期休暇をどこで過ごすのがよいか、よくわからないという方は大勢います。情報が氾濫し、選択肢が豊富にあるだけに、どうすればいいのかわからなくなります。私個人として、いろいろなご予算に応じた休暇をご案内したいと思います。海外や国内で休暇を過ごすことの利点についてお話し、格安のツアー旅行や飛行機のチケット、ホテル代などが載っている旅行サイトと雑誌を見直します。お帰りになる前に、皆さんのお役に立つパンフレットや広告資料もお配りします。では、話を始めさせていただきます。30分程度お時間をいただき、その後ご質問に喜んでお答えいたします。

Lesson 16

選択肢の訳

43. この話は主に何についてですか。
- (A) 航空会社の方針
- (B) 国際的な投資
- (C) 旅行の選択肢
- (D) 消費者の調査

44. 話者によると、聞き手は何を受け取りますか。
- (A) 無料のチケット
- (B) 印刷物
- (C) ウェブサイトを開発するヒント
- (D) 宿泊の割引

45. 次はおそらく何が起こるでしょう。
- (A) 他の話者が話す。
- (B) 話が始まる。
- (C) ツアーが始まる。
- (D) 質問が受け付けられる。

- □ **unsure** 形 確信できない
- □ **suitable for** ～に適した
- □ **budget** 名 予算
- □ **deal with** ～をテーマにする、取り扱う
- □ **accommodations** 名 宿泊施設
- □ **literature** 名 パンフレット、ちらし
- □ **personally** 副 個人的に
- □ **a variety of** いろいろな～
- □ **distribute** 動 ～を配る
- □ **afterwards** 副 その後

[正解・解説] Exercise 2 (Q46 〜 Q48)

46. 解説 (B) ★★★

解説 話の目的は通常最初に述べる。このトークでは、We need to design a proposal と提案書を作る必要があると述べてから、to win a sales contract や we have the competence to win と、競争に勝ちたいことを述べ、そのために何をする必要があるかを述べている。これを詳しく述べるという意味の detail を使って言い換えている (B) が正解。

47. 正解 (B) ★★

解説 we must remember to include the following in our proposal と、proposal の中に盛り込まなくてはいけないと説明している内容に注意して聞く。その1つが自動車部品のサンプルで、our automobile parts を work に言い換えている (B) が正解。business record とは言っているが、personnel record ではないので (C) は誤答。

48. 正解 (C) ★★

解説 RBS will choose the winner in August と言っており、勝者を選ぶ＝ RBS が決定を下すことになるので (C) が正解。設問では When will RBS choose the winner? と聞く代わりに、make a decision と言い換えている。6月はできたら提案を提出したいと思っている月で、7月は遅くても提出しなくてはならない月。9月は実際に仕事が始まる月である。

Lesson 16

スクリプト　　　　　　　　　　　　　　　　　　　　　　　CD 33

Questions 46 through 48 refer to the following talk.

We need to design a proposal that will be persuasive enough to win a sales contract to supply parts to RBS Automobile Corporation. Six other companies plan to submit competitive proposals. While I'm confident we have the competence to win, we must remember to include the following in our proposal: our excellent business record, latest samples of our automobile parts and referrals from other clients. We have to submit our bid by July at the latest; it should preferably be done by the end of June. RBS will choose the winner in August, with actual work starting in September. This contract is worth over 150 million pounds, so let's make sure we win it.

RBS自動車会社に、パーツを供給する販売契約を勝ち取るだけの説得力ある提案書を作成しなくてはなりません。他に6社が競争力がある提案書を出す予定です。勝てるだけの実力はあると確信していますが、次の事項を提案書に盛り込まなくてはいけません。当社の優秀な業績記録、当社の自動車部品の最新サンプル、そして他の顧客からの推薦状です。遅くとも7月までには当社の入札を提出しなくてはなりません。6月末に提出すればなおいいです。RBSは8月に落札者を選び、実際の仕事は9月に始まります。この契約は1億5千万ポンド以上の値打ちになりますので、必ず勝ち取りましょう。

選択肢の訳

46. この話の主な目的は何ですか。
  (A) 賞を発表すること
  (B) 競争について詳しく述べること
  (C) 従業員にフィードバックをすること
  (D) 新製品の説明をすること

47. 話者によると、何を提出しなくてはなりませんか。
  (A) 財政見通し
  (B) 製品見本
  (C) 人事記録
  (D) 月間予定

48. RBSはいつ決定をしますか。
  (A) 6月
  (B) 7月
  (C) 8月
  (D) 9月

- □ **design** 動 〜を作る
- □ **proposal** 名 提案書
- □ **persuasive** 形 説得力がある
- □ **win a (sales) contract** （販売）契約を勝ち取る
- □ **submit** 動 〜を提出する
- □ **competitive** 形 競争力がある、魅力的な
- □ **confident** 形 自信がある、信用している
- □ **competence** 名 能力
- □ **include** 動 〜を含む、入れる
- □ **referral** 名 照会、推薦
- □ **bid** 名 入札、努力
- □ **preferably** 副 できれば
- □ **actual** 形 実際の

Column 2

シャドーイングで練習

・シャドーイングの方法

　リスニングなどの練習におススメなのがシャドーイングです。通訳の基本練習でも取り入れられている方法で、皆さんにぜひ知っていてほしい、そして実践してほしい練習方法のひとつです。シャドーイングとは、文字通り、聞いている英語を影のように後について言うことです。何も見ずに、耳で聞いた英文を声に出すので、聞いている英文より少し遅れて言うことになります。

CDの音	Carla, do you know if the cartons we were expecting...
あなた	Carla, do you know if the cartons we were...

　　　　少し遅れる

　シャドーイングで言えなかったところは、多くの場合、聞けていなかったところ、もしくは意味がわからなかったところです。言えなかったところは、スクリプトを使って英文と意味を確認して、何度か声に出して言ってみてから、再度、シャドーイングにトライしましょう。いきなりシャドーイングでは難しいと思う方は、スクリプトの音読から始めましょう。CDと一緒にスラスラと読めるようになるまで練習してからシャドーイングを行いましょう。

・Part3 や 4 の量はシャドーイング練習にちょうどよい

　TOEIC の Part3 や Part 4 の英文は、集中して聞き続ける量という点で、シャドーイングにちょうどよい量です。また、全く知らないものより、内容が分かっている英文をシャドーイングするほうが、効果があります。ですから、本書の解き終わった問題は、単語や訳を確認した後、ぜひとも CD を使ってシャドーイングの練習をしてください。復習にもなり、一石二鳥です！

模擬テスト

Part 3 ▶ 15題 / Part 4 ▶ 15題

学習の仕上げとして、本番に近い気持ちで模擬テストに挑戦してみましょう。間違った問題、聞き取れなかった会話、ナレーションは解説やスクリプトを参考に、しっかり理解できるまで学習しておきましょう。CDの音声にしたがって、進めてください。

CD 34 ～ CD 45

Part 3 解答記入欄 → 148 ～ 152ページ
Part 4 解答記入欄 → 153 ～ 157ページ
Part 3 正解・解説 → 158 ～ 172ページ
Part 4 正解・解説 → 173 ～ 187ページ

模擬テスト Part 3

CD 34

Select the best response to each question and mark the letter (A), (B), (C), or (D).

CD 35

1. Why is the man calling?
   (A) To ask about an exhibit
   (B) To sell a ticket
   (C) To learn about business hours
   (D) To register for a group tour   Ⓐ Ⓑ Ⓒ Ⓓ

2. When is the last day tickets will be available?
   (A) April 8
   (B) April 10
   (C) April 20
   (D) April 28   Ⓐ Ⓑ Ⓒ Ⓓ

3. What does the man plan to do?
   (A) Get a refund
   (B) Wait for a phone call
   (C) Come in person
   (D) Extend a service   Ⓐ Ⓑ Ⓒ Ⓓ

模擬テスト[問題]

CD 36

4. Who most likely is the man?
   (A) A finance professor
   (B) A bank representative
   (C) A stock market regulator
   (D) A business reporter   Ⓐ Ⓑ Ⓒ Ⓓ

5. What does the man say is important?
   (A) Hiring policies
   (B) Company profit
   (C) Interest rate
   (D) Deposits size   Ⓐ Ⓑ Ⓒ Ⓓ

6. Why would there be a fee?
   (A) To cover a penalty
   (B) To change dollars into yens
   (C) To get an insurance policy
   (D) To make an application   Ⓐ Ⓑ Ⓒ Ⓓ

GO ON TO THE NEXT PAGE →

CD 37

7. What are the speakers mainly discussing?

   (A) A recent promotion

   (B) A computer system

   (C) An upcoming agenda

   (D) A travel itinerary   Ⓐ Ⓑ Ⓒ Ⓓ

8. What is a concern of the woman?

   (A) Expense

   (B) Location

   (C) Productivity

   (D) Time   Ⓐ Ⓑ Ⓒ Ⓓ

9. What does Ms. Tanaka plan to do?

   (A) Include additional members

   (B) Extend a meeting

   (C) Settle a hiring decision

   (D) Transfer to another department   Ⓐ Ⓑ Ⓒ Ⓓ

CD 38

10. Who most likely is the woman?

(A) A store clerk

(B) A real estate agent

(C) An investment advisor

(D) A construction site supervisor   Ⓐ Ⓑ Ⓒ Ⓓ

11. What does the man ask about?

(A) A different location

(B) A different design

(C) A discount

(D) A faster commute   Ⓐ Ⓑ Ⓒ Ⓓ

12. Why does the woman apologize?

(A) She left out information.

(B) A property lost value.

(C) She cannot make a change.

(D) A payment has not been sent.   Ⓐ Ⓑ Ⓒ Ⓓ

GO ON TO THE NEXT PAGE

CD 39

13. What does the man want to know?

 (A) A departure location

 (B) Ticket prices

 (C) Travel duration

 (D) Service schedules　　　　　　Ⓐ Ⓑ Ⓒ Ⓓ

14. What does the man plan to do at 10:30?

 (A) Board a ferry

 (B) Leave headquarters

 (C) Meet customers

 (D) Make a phone call　　　　　　Ⓐ Ⓑ Ⓒ Ⓓ

15. What does the woman recommend?

 (A) Changing an appointment

 (B) Making a purchase

 (C) Getting passports ready

 (D) Avoiding a lake　　　　　　Ⓐ Ⓑ Ⓒ Ⓓ

模擬テスト Part 4

CD 40

Select the best response to each question and mark the letter (A), (B), (C) ,or (D).

CD 41

1. What change does the speaker mention?
   (A) Improvements will be temporarily delayed.
   (B) Some operations may be outsourced.
   (C) Pay for some jobs may be increased.
   (D) Some departments will be expanded.

2. When will more details on the change first become available?
   (A) Monday
   (B) Tuesday
   (C) Wednesday
   (D) Thursday

3. According to the speaker, what may be a result of the company's new policy?
   (A) Layoffs may take place.
   (B) Departmental funds may be increased.
   (C) Some training may be provided.
   (D) Personnel transfers may be reduced.

GO ON TO THE NEXT PAGE

CD 42

4. What kind of business has this message?
    (A) A department store
    (B) A media organization
    (C) A utilities company
    (D) A university

    Ⓐ Ⓑ Ⓒ Ⓓ

5. According to the message, how should callers complain?
    (A) By calling a different number
    (B) By pressing 2
    (C) By coming into the office
    (D) By registering at a Web site

    Ⓐ Ⓑ Ⓒ Ⓓ

6. What will happen if callers remain on the line?
    (A) The phone connection will end.
    (B) A customer service representative will pick up.
    (C) The call will be transferred to a different office.
    (D) The message will repeat.

    Ⓐ Ⓑ Ⓒ Ⓓ

CD 43

7. What is the main purpose of the talk?

   (A) To detail investment progress

   (B) To review a proposal

   (C) To welcome a new employee

   (D) To announce a new benefit   Ⓐ Ⓑ Ⓒ Ⓓ

8. What does Ms. Choi have responsibility for?

   (A) Research

   (B) Finance

   (C) Operations

   (D) Marketing   Ⓐ Ⓑ Ⓒ Ⓓ

9. What will most likely happen next?

   (A) Papers will be distributed.

   (B) Another speaker will talk.

   (C) A meeting will end.

   (D) Questions will be taken.   Ⓐ Ⓑ Ⓒ Ⓓ

GO ON TO THE NEXT PAGE

CD 44

10. What is the main topic of the report?

  (A) Youth educational trends
  (B) Price changes among toys
  (C) Surprising success of a product
  (D) Results of a survey of families   Ⓐ Ⓑ Ⓒ Ⓓ

11. According to the report, what is a feature of the Friendly Susan Doll?

  (A) Effect in helping children learn
  (B) Appeal to parents with smaller budgets
  (C) Special displays in commercials
  (D) Unique outer design   Ⓐ Ⓑ Ⓒ Ⓓ

12. What is stated as an expected benefit for Roskon Toys?

  (A) Increase in its revenue
  (B) A wider percentage of its market
  (C) A rise in its share price
  (D) Better ratings from analysts   Ⓐ Ⓑ Ⓒ Ⓓ

CD 45

13. What is the purpose of the telephone message?
    (A) To announce a schedule cancellation
    (B) To provide shipment details
    (C) To make a personal request
    (D) To respond to a question Ⓐ Ⓑ Ⓒ Ⓓ

14. Where is Ms. Miyamoto calling from?
    (A) The headquarters
    (B) The subway
    (C) The client's lobby
    (D) The upper conference room Ⓐ Ⓑ Ⓒ Ⓓ

15. What is Jim Stapleton asked to do?
    (A) Set up tea and coffee
    (B) Cancel the meeting
    (C) Take over negotiations
    (D) Return a phone call Ⓐ Ⓑ Ⓒ Ⓓ

模擬テスト［正解・解説］

Part 3

P.148（Q1 〜 Q3）

1. 正解 (A) ★

解説　男性は最初に、I'd like to know if the special showing on African Art is still being held. と述べているので、(A) が正解。話中にチケット購入の話も出ているが、男性がチケットを販売するのではないため (B) は誤答。

2. 正解 (D) ★★

解説　女性は、We've actually extended it until April 28 と述べた後、それまではいつでも（anytime until then）チケットを購入できると説明している。この then は、April 28 を指すので、4月28日まではチケットが入手できることがわかる。

3. 正解 (C) ★★

解説　お客様サービス窓口に電話して、チケットを購入できると女性から知らされた男性は、but I'll come down there tomorrow と述べている。よって、男性は電話をするのではなく、自分で行くことがわかる。in person は「（代理でなく）自分が直接出向いて」という意味の句で TOEIC 頻出。face-to-face に言い換えられる場合もある。

スクリプト

Questions 1 through 3 refer to the following conversation.

W: Geller Art Gallery.

M: I'd like to know if the special showing on African Art is still being held. I saw a poster recently that stated it would end April 10.

W: We've actually extended it until April 28, because of tremendous interest by the public. You can call our customer service office to purchase non-refundable tickets for it anytime until then.

M: Thanks, but I'll come down there tomorrow, now that I finally have some free time to do so.

設問1から3は次の会話に関するものです。

女性: ゲラー・アート・ギャラリーです。

男性: アフリカン・アートの特別展示をまだ開催しているかどうか知りたいのです。4月10日に終了すると書いてあるポスターを最近見ました。

女性: 興味のある方が大変多いので、実は4月28日まで延長されました。それまででしたらいつでも、お客様サービス窓口に電話いただいて、払戻し不可のチケットを購入できます。

男性: ありがとう。でも、明日行くことにします。やっと今、そうする自由な時間があるので。

選択肢の訳

1. 男性は、なぜ電話をしているのですか。
   (A) 展示会について尋ねるため
   (B) チケットを売るため
   (C) 業務時間を知るため
   (D) 団体見学に申し込むため

2. チケットが入手できる最後の日はいつですか。
   (A) 4月8日
   (B) 4月10日
   (C) 4月20日
   (D) 4月28日

3. 男性は何をする予定ですか。
   (A) 返金を受ける
   (B) 電話を待つ
   (C) 自分で出向く
   (D) サービスを延長する

- [ ] **showing** 名展示、見せること
- [ ] **extend** 動〜を延ばす
- [ ] **purchase** 動〜を購入する
- [ ] **in person** 自分が出向いて
- [ ] **state** 動〜をはっきりと述べる
- [ ] **tremendous** 形途方もなく大きい
- [ ] **non-refundable** 形返金不可の

P.149 (Q4 ～ Q6)

4. 正解 (B) ★

解説 女性の applying for a loan here but first I need to know what your interest rate is という発言に対して、男性が We calculate that based on the loan size and business profit and loss statements と応じているやりとりから、男性は (B)「銀行の担当者」だとわかる。銀行での会話も TOEIC では珍しくない。この会話にある interest rate（利率）、profitable（利益がある）、profit and loss（損益）、loan（ローン、貸付金）などの語は頻出。

5. 正解 (B) ★★★

解説 決め手は、男性の最後の発話 Since your company has been consistently profitable, I don't think you'd have a problem. の部分にある。つまり男性が、ローンを組むことを希望している女性に対して、女性の会社はいつも利益を出しているので問題ないだろう、と意見を述べている。このことを company profit と一言でまとめた (B) が正解。

6. 正解 (D) ★★

解説 最後の発話 If you do want to apply, there would be a 15,000 yen fee. にある通り、男性が、申込みをするために料金がかかると説明しているので正解が (D) とわかる。

スクリプト

Questions 4 through 6 refer to the following conversation.

W: I'd like to expand my business, but I need more money to do that. I'm thinking of applying for a loan here but first I need to know what your interest rate is.

M: We calculate that based on the loan size and business profit and loss statements over a period of 5 years. In your case it would probably be 9 percent.

W: Do you think my loan would be approved? I could easily make the monthly repayments.

M: It's our policy to let the loan committee make final decisions on that. Since your company has been consistently profitable, I don't think you'd have a problem. If you do want to apply, there would be a 15,000 yen fee.

設問 4 から 7 は次の会話に関するものです。

女性: 事業を拡大したいのですが、そうするためにはもっとお金が必要です。こちらでローンの申込みを考えていますが、まずは利率を教えてください。

男性: 当社では、貸付額と5年間の損益計算書に基づいて計算します。あなたの場合ですと、おそらく9パーセントでしょう。

女性: 私のローンは認められると思いますか。私は、毎月の返済が楽にできますよ。

男性: 貸付委員会が最終決定をするのが当社の方針です。貴社は常に利益が出ていますから、問題ないと思います。申込みをご希望でしたら、15,000円の料金がかかります。

模擬テスト [正解・解説]

選択肢の訳

4. 男性は、おそらく誰でしょうか。
   (A) 財政学の教授
   (B) 銀行の担当者
   (C) 株式市場の規制当局者
   (D) ビジネスのレポーター

5. 男性は何が重要だと言っていますか。
   (A) 雇用方針
   (B) 会社の利益
   (C) 利率
   (D) 前払い金の額

6. なぜ、料金がかかるのでしょうか。
   (A) 違約金を払うため
   (B) ドルを円に変えるため
   (C) 保険に入るため
   (D) 申込みをするため

- □ **expand a business** 事業を拡大する
- □ **apply for** ～に申し込む
- □ **calculate** 動～を計算する
- □ **profit and loss statement** 損益計算書
- □ **repayment** 名返済
- □ **consistently** 副一貫して
- □ **interest rate** 利率
- □ **based on** ～に基づいて
- □ **committee** 名委員会
- □ **profitable** 形利益をもたらす

P.150 (Q7 ～ Q9)

7. 正解 (C) ★★

解説 まず女性が、are we still discussing quality control at tomorrow's meeting? と尋ね、男性が、生産コストについて話し合うと答えている。2人は明日の会議の議題について話している。このことを、agenda という語で表した (C) が正解。agenda（議事日程）は TOEIC 頻出語。また話中の memo は memorandum の略語で「社内連絡メモ、社内伝言」という意味でれっきとした社内文書の1つ。個人的なメモ書きには note を使う場合が多い。

8. 正解 (D) ★★

解説 会議では生産コストについても話し合うと聞いた女性は、You think we'll be able to include that? と相手に尋ね、会議で解決すべき問題がたくさんあるが、ほんの1時間しか時間がないと続けている。よって、女性が気がかりなのは時間のことだとわかる。

9. 正解 (B) ★★

解説 男性の2回目の発話で、Ms. Tanaka's going to make it about 40 minutes longer. と述べている。make it (=the meeting) longer を extend a meeting で言い換えた (B) が正解。

> [スクリプト]　　　　　　　　　　　　　　　　　　　　　　　　　　**CD 37**

Questions 7 through 9 refer to the following conversation.

W: Sam, are we still discussing quality control at tomorrow's meeting?

M: Yes, but we're also going to talk about production costs. I just received that information in a memo from Chief Financial Officer Tanaka.

W: You think we'll be able to include that? We already have so many issues to settle during that meeting, and only an hour to do so.

M: Apparently Ms. Tanaka's going to make it about 40 minutes longer. She thinks both topics are important and so have to be dealt with.

設問 7 から 9 は次の会話に関するものです。

女性： サム、明日の会議でも、品質管理について話し合うのですか。

男性： そうですが、生産コストについても話し合います。田中財務主任からそのことを書いた社内連絡メモをちょうど受取ったところです。

女性： その時間があると思いますか。会議で解決すべき問題が既にたくさんありますが、たった1時間しかありません。

男性： どうやら田中さんは会議を40分延長するつもりらしいです。両方の議題ともに重要で対処しなければならないと、思っていますから。

選択肢の訳

7. 話者達は主に何について話していますか。
   - (A) 最近の昇進
   - (B) コンピュータのシステム
   - (C) 今度の議題
   - (D) 旅程表

8. 女性が気がかりなのは何ですか。
   - (A) 費用
   - (B) 場所
   - (C) 生産性
   - (D) 時間

9. 田中さんは何を予定していますか。
   - (A) 追加のメンバーを含める
   - (B) 会議を延長する
   - (C) 雇用の決定を下す
   - (D) 別の部門へ転任する

- ☐ **quality control** 品質管理（＝QC）
- ☐ **settle** 動 ～を解決する、置く
- ☐ **promotion** 名 昇進
- ☐ **itinerary** 名 旅程（表）
- ☐ **issue** 名 問題
- ☐ **dealt with** ～を扱う、対処する
- ☐ **agenda** 名 議事日程

P.151（Q10 〜 Q12）

10. 正解 (B) ★

解説 男性の最初の発話 Out of all the houses you've shown me so far から、これまでにも女性が、男性に家を案内したことがわかる。他にも女性は、30万ユーロと家の価格を述べてお買得だと勧めたり、また、ローンの支払額にも言及している。このような仕事をするのは、(B) である。英語では、事務員、ホテルや店舗の係員は clerk、不動産業者や旅行代理店の担当者は agent、営業員は sales representative など、職務や業種で担当者を表す語が使い分けられる。聞き取りの手がかりにもなるので、代表的なものを覚えておくようにしよう。

11. 正解 (C) ★

解説 男性は2回目の発話で、I wonder if you could lower the price a little. と尋ねている。lower the price を discount に言い換えた (C) が正解。I wonder if you could は、相手に「〜していただけないでしょうか」と丁寧な依頼をする時の表現で、ここでは、値引きしてもらうことはできないでしょうかと頼んでいる。

12. 正解 (C) ★★

解説 男性から値下げできるかを尋ねられた女性は、I'm sorry, that's not possible と値下げできないことを謝っている。このことを、"価格の変更ができない" と言い換えた (C) が正解。会話の be sorry が設問の apologize に言い換えられている。

|スクリプト|　　　　　　　　　　　　　　　　　　　　　　　　**CD 38**

Questions 10 through 12 refer to the following conversation.
M: Out of all the houses you've shown me so far, this one's the best!
W: At just 300,000 euros, it's a real bargain. The subway nearby will get you downtown in less than 20 minutes. You won't have to drive to the office through traffic any more. You'll have a much faster commute.
M: I wonder if you could lower the price a little. It's much more than I expected to pay.
W: I'm sorry, that's not possible but I assure you that this house is great value for the price. In addition, the monthly mortgage payments would not be large.

設問 10 から 12 は次の会話に関するものです。
男性： これまでに案内してくれた全ての家の中で、これが一番です。
女性： ちょうど30万ユーロで、本当にお買得です。近くの地下鉄を使って中心街に20分足らずで行けます。もう車が行き交う中を運転して職場に行かなくていいのです。通勤時間がずっと短くなりますよ。
男性： 少し価格を下げてもらえませんか。思っていたよりずっと高いのです。
女性： 申し訳ありませんができません。ですが、こちらの家は、価格のわりに大変お値打ちです。加えて、月々のローンの支払額は多くはありません。

選択肢の訳

10. 女性は、おそらく誰でしょうか。
   (A) 店員
   (B) 不動産業者
   (C) 投資アドバイザー
   (D) 建設現場の監督者

11. 男性は何について質問していますか。
   (A) 別の場所
   (B) 別の設計
   (C) 値引き
   (D) 通勤時間の短縮

12. 女性はなぜ謝るのですか。
   (A) 情報を言い忘れた
   (B) 資産価値が下がった
   (C) 変更ができない
   (D) 支払金が送付されていない。

- □ **so far** 今までのところ
- □ **commute** 名通勤、通学
- □ **in addition** 加えて
- □ **bargain** 名お買い得品
- □ **assure** 動〜に請合う、確約する
- □ **mortgage** 名住宅ローン

P.152（Q13～Q15）

13. 正解 (D) ★

解説 男性は最初に Has the 7:30 ferry left?「7時30分のフェリーは出たか」と、フェリーの運行スケジュールを尋ねている。また、次のフェリーに乗れば間に合うかどうか質問しているので (D) が正解。service は、「接客、応対、公共事業、交通の便、業務、勤務、点検」など様々な意味で使われる重要単語だが、日本語でサービスと言った場合に含まれる値引きの意味はないので注意。値引きを表す場合は discount を使う。

14. 正解 (C) ★★

解説 男性は2回目の発話で、I need to get to our headquarters by 10:30 for a client conference there. と述べており、10時30分に顧客に会うことがわかる。よって、(C) が正解。この会話では、時間を表す前置詞が効果的に使われている。by 10:30（10時30分までに）の他に、in ten minutes（10分後に）、at 7:50（7時50分に）、in time（間に合って）の使い方にも注目して聞き取るようにすれば、会話の流れについて行きやすくなる。

15. 正解 (B) ★

解説 女性は2回目の発話で、I suggest you buy a ticket now と、チケット購入を勧めている。buy a ticket を make a purchase に言い換えた (B) が正解。

スクリプト

Questions 13 through 15 refer to the following conversation.

M: Excuse me. Has the 7:30 ferry left?

W: Yes, but there's another one in ten minutes, at 7:50. You can take that one.

M: I need to get to our headquarters by 10:30 for a client conference there. Will I make it in time if I leave on the next ferry?

W: Don't worry; it's a quick trip across the lake so you'll be there well in time for your appointment. I suggest you buy a ticket now, so that you can board when it's ready.

設問13から15は次の会話に関するものです。

男性： すみません。7時30分のフェリーは出ましたか。

女性： はい、でも10分後、7時50分に別のものがあります。それに乗れますよ。

男性： 顧客との会議があり、10時30分までに本社に着かなくてはなりません。次のフェリーで発てば、間に合うでしょうか。

女性： 心配いりません。湖を横切る短い運行ですから、約束の時間に充分間に合いますよ。今チケットを買ってはどうですか。準備が整えば乗れますから。

選択肢の訳

13. 男性は何を知りたがっていますか。
 (A) 出発場所
 (B) チケットの価格
 (C) 運行にかかる時間
 (D) 運行スケジュール

14. 男性は10時30分に何をする予定ですか。
 (A) フェリーに乗る
 (B) 本社を出発する
 (C) 顧客に会う
 (D) 電話をする

15. 女性は何を勧めていますか。
 (A) 約束を変更すること
 (B) 購入すること
 (C) パスポートを用意すること
 (D) 湖を避けること

- □ **headquarters** 名 本社
- □ **make it** （目的地に）たどり着く
- □ **appointment** 名 （面会の）約束
- □ **board** 動 （船、飛行機、列車など）に乗り込む
- □ **conference** 名 会議
- □ **in time** 間に合って

Part 4

P.153 (Q1〜Q3)

1. 正解 (B) ★★★

解説 決め手は information systems, recruiting and accounting will be contracted out to other firms. の部分。information ... accounting までを some operations、will be contracted out (外注される) を may be outsorced と言い換えている (B) が正解。収益性や効率性を improve するとは言っているが (A) にある improvement が遅れるという話はない。

2. 正解 (B) ★★

解説 Specific details will be released Tuesday. の部分から、詳細が明らかにされるのは火曜日であることがわかる。(C) 水曜日と (D) 木曜日は部門長が時間を取ってスタッフと話し合いをする。(A) 月曜日のことについては何も言っていない。

3. 正解 (C) ★★★

解説 最後に some of you may require retraining と言っているので、これを言い換えた (C) が正解。(A) は、解雇はないと断言できると言っているので逆である。(B) についての話はない。また some of you may require...transfers to other departments. と異動の可能性については言っているが、減少するとは言っていないので (D) は誤答。

> スクリプト

Questions 1 through 3 refer to the following talk.

I have important news for you regarding changes that will be taking place over the next few weeks. As you know, we're looking to improve our profitability and efficiency. To do this, we've decided that information systems, recruiting and accounting will be contracted out to other firms. We will, however, keep the marketing and planning departments as part of our internal operations. Specific details will be released Tuesday, and each department head will be taking Wednesday and Thursday to discuss these changes with his or her staff. Many of you may be wondering about your jobs. I want to assure you that there won't be any layoffs resulting from this policy, although some of you may require retraining or transfers to other departments.

設問1から3は次の話に関するものです。
来る数週間にわたり生じる変更事項について、重大なお知らせがあります。ご存知のように、収益性と効率性を向上させようとしています。そのため、情報システム、人材募集、会計は他社に外注することにしました。しかし、マーケティング部門と企画部門は社内業務の一環として維持します。詳細な具体策につきましては火曜日に発表されます。各部門長が、スタッフとこれらの変更について話し合うため、水、木と時間を取ります。皆さんのうち大勢が自分の担当する仕事について心配されているでしょう。断言できますのは、この方針の結果による解雇はないということです。再度研修を受けたり、他の部課へ異動になる人はいるかもしれません。

模擬テスト [正解・解説]

選択肢の訳

1. どのような変更を話者は述べていますか。
   (A) 改善は、一時的に遅れている。
   (B) いくつかの業務が外注される。
   (C) 仕事によっては昇給がある。
   (D) 拡張される部課がある。

2. いつ、この変更についてもっと詳しいことが初めてわかるようになりますか。
   (A) 月曜日
   (B) 火曜日
   (C) 水曜日
   (D) 木曜日

3. 話者によると、会社の新しい方針によって起こることは何ですか。
   (A) 解雇があるかもしれない。
   (B) 部署の資金が増えるかもしれない。
   (C) 研修があるかもしれない。
   (D) 人事異動が減るかもしれない。

- [ ] **regarding** 前 ～に関して
- [ ] **profitability** 名 収益性
- [ ] **recruiting** 名 人材募集
- [ ] **internal operations** 社内業務
- [ ] **assure** 動 人に～であると請け負う、断言する
- [ ] **layoff** 名 解雇
- [ ] **transfer** 名 異動
- [ ] **take place** 起こる
- [ ] **efficiency** 名 効率性
- [ ] **contract out** ～を外注に出す
- [ ] **specific details** 詳細な具体策
- [ ] **retraining** 名 再研修

P.154 (Q4 〜 Q6)

4. 正解 (C) ★★

解説 電話では通常最初に名乗るので、最初を聞き逃さないことが重要。このメッセージでも最初で City One Electric Company の自動応答システムにかかっていることがわかる。utilitiy は電気・ガス・水道などの公共事業を意味する。You have reached... は「〜に電話がかかっています」の意味で、時間外応答の録音などでよく使われる表現。

5. 正解 (B) ★★

解説 Press 2 to make a service complaint と言っているので、2を押すことがわかる。(A) 違う番号にかけるのは、自分の住んでいる地域で停電があった場合。(C) は苦情がある場合、事務所に来るのではなく、2を押して電話で言ってほしいという話と混同しないこと。さらに情報が必要ならウェブサイトを薦めているが、登録する話はしていないので (D) は誤答。

6. 正解 (D) ★★

解説 最後に Please stay on the line to hear these options again. と言っている部分が決め手。hear these options again（これらの選択肢を再度聞く）を、the message will repeat（メッセージが繰り返される）と言い換えている (D) が正解。他の選択肢に該当する内容は、メッセージに出ていない。

> スクリプト

Questions 4 through 6 refer to the following recorded message.
You have reached the automated response system of City One Electric Company. If you are calling about an outage in your area, hang up and then call 800-901-2121. Otherwise, press 1 to access your account information. Press 2 to make a service complaint; that will help you much faster than coming into our office. To make a payment, press 3. Press 4 if you wish to speak to a customer service representative. You may also gain additional information by going to our Web site. Thank you for calling and have a nice day. Please stay on the line to hear these options again.

設問 4 から 6 は次の録音メッセージに関するものです。
シティ・ワン・エレクトリック社の自動応答システムです。お住まいの地域における停電については、電話を切って 800-901-2121 におかけください。そうでなければ、1 を押すと会計情報につながります。2 を押すと苦情申し立てができます。事務所に来ていただくより、迅速に対応させていただけます。支払いについては 3 を押してください。顧客サービス担当者とお話になりたい場合は 4 を押してください。さらに情報が必要でしたら、ウエブサイトをご覧ください。お電話をいただきありがとうございました。良い 1 日をお過ごしください。もう 1 度お聞きになりたい場合はそのままお待ちください。

選択肢の訳

4. 何の業種がこのメッセージを使っていますか。
   (A) デパート
   (B) メディア組織
   (C) 公共事業会社
   (D) 大学

5. メッセージによると、通話者はどのように苦情を申し立てるべきですか。
   (A) 違う番号にかける
   (B) 2を押す
   (C) 事務所に行く
   (D) ウエブサイトで登録する

6. 通話者が切らずにいると何が起こりますか。
   (A) 電話が切れる。
   (B) 顧客サービス担当者が電話をとる。
   (C) 電話は別の事務所に回される。
   (D) メッセージが繰り返される。

☐ **automated response** 自動応答　☐ **outage** 名停電
☐ **complaint** 名不満、苦情　※**make a complaint** 苦情を言う
☐ **instead of** 〜の代わりに　☐ **option** 名選択肢

P.155 (Q7〜Q9)

7. 正解 (C) ★

解説 話の目的は通常最初に述べられる。この話でも、I'm happy to introduce our new director と言っていることから、新しい director を紹介することが目的で話していることがわかる。our new director を a new employee と言い換えた (C) が正解。他の選択肢については、話の中に出ていない。

8. 正解 (B) ★

解説 She has taken charge of our finances の部分で明確に財務を担当していくことがわかるので、(B) が正解。(A) は manufacturing and research にかかる費用削減の話が出ているのでその混同を狙ったもの。(C) や (D) については話に出ていない。

9. 正解 (B) ★

解説 最後に I'd like to ask Ms. Choi to say a few words. とあることから、次にチェさんが話をすることがわかるので (B) が正解。(A)(C) は話に出てこない。(D) の質問については、次の会議まで待つように言っている。ちなみに、この次に何が起こりそうかという設問もよく出題され、話の流れから通常最後の方に答えがある。設問を先読みし、この設問がある場合は、特に最後に注意して聞くことが重要。

> スクリプト

Questions 7 through 9 refer to the following talk.

Good afternoon, everyone. I'm happy to introduce our new director, Ms. Eun-young Choi. Ms. Choi has an Accounting degree from East University, a school we are proud to be associated with. She was a director at Tellerman's for the past 5 years. She has taken charge of our finances and will show us how to reduce some of our largest expenses, not only in manufacturing and research but also our offices. As an example, she has already recommended that we go paperless. That could reduce our office supplies costs considerably. Now, I'd like to ask Ms. Choi to say a few words. Please save your questions for another meeting we'll be having on this tomorrow.

設問7から9は、次の話に関するものです。
こんにちは、皆さん。新しい理事長チェ・ウニョンさんを紹介させていただきます。チェさんは、私たちが提携させていただいているイースト大学で会計の学位を取られ、テラーマンの取締役を5年されていました。当社の財務を引き継ぎ、製造と調査のみではなく、事務所での莫大な支出をどのように削減するかを示していただきます。例えば、書類をなくすことについても既に提案をいただきました。そうすれば事務用品の費用をかなり削減できます。では、チェさんに少しお話をしていただきます。質問は、明日のミーティングまでお控えください。

模擬テスト[正解・解説]

選択肢の訳

7. この話の主な目的は何ですか。
 (A) 投資の進捗を詳しく述べること
 (B) 提案を見直すこと
 (C) 新しい従業員を迎えること
 (D) 新しい利点を公表すること

8. チェさんは何に対して責任がありますか。
 (A) 調査
 (B) 財務
 (C) 運営
 (D) マーケティング

9. 次は何がありそうですか。
 (A) 書類が配布される。
 (B) 他のスピーカーが話をする。
 (C) 会議が終わる。
 (D) 質問が受け付けられる。

- **director** 名 理事長、監督者、取締役
- **degree** 名 学位
- **associate with** 〜と関連がある
- **take charge of** 〜（の責任）を引き受ける
- **reduce** 動 〜を削減する
- **expense** 名 費用
- **office supply** 事務用品
- **considerably** 副 相当に

P.156 (Q10〜Q12)

10. 正解 (C) ★★

解説 Our main story today が問題にある the main topic である。the unexpected popularity of Roskon Toys' Friendly Susan Doll. の部分が決め手。unexpected popularity を surprising success、Roskon Toys' Friendly Susan Doll を a product と言い換えている (C) が正解。(A) については何も言っていない。(B) は Doll につられて混同しないこと。価格の話は出ていない。(D) も子供のために人形を親が買い求める話をしているが、家族調査のことは何も言っていない。

11. 正解 (D) ★★★

解説 フレンドリー・スーザン人形が飛ぶように売れていることを this phenomenon (この現象) として、Analysts (who are) trying to explain this phenomenon とアナリストの説明を伝える部分に注意して聞く。ここでは人気 (widespread appeal) の原因＝特徴で、wide smile, soft cottone surface and ordinary but warm looks が挙げられている。これらを outer (外側) のデザインと言い換えた (D) が正解。人形が学習の手助けになる話は出ていないので (A) は誤答。親が子供のために人形を買って行く話はしているが、予算が少ない＝値段が安い話は出ていないので (B) は誤答。(C) は、レポートに出ている単語 display で混乱を狙ったもの。

12. 正解 (A) ★★

解説 expected benefit は、最後の Roskon Toys expects で述べられている。22 percent rise in profits を increase in its revenue と言い換えた (A) が正解。(B)(C) にある市場や株関連の話は出ていない。(D) analysts は人形が人気を博している理由を分析はしているが、よい評価を得るかもしれないという話は出ていない。increase (名増加、動増加する、〜を増やす)、rise (名上昇、動上昇する) の他、grow (伸びる)、soar (急増する) など上向きの変化を表す語は、レポートやニュースの問題でよく使われるので注意。

模擬テスト [正解・解説]

スクリプト

Questions 10 through 12 refer to the following report.
Welcome to Business News. Our main story today is the unexpected popularity of Roskon Toys' Friendly Susan Doll. Retail outlets countrywide are finding it difficult to keep up with the demand for this item. Many have run out of stock within days of putting them on display as mothers and fathers quickly buy them up for their children. Analysts trying to explain the phenomenon say the doll's widespread appeal may be due to its wide smile, soft cotton surface and ordinary but warm looks. Roskon Toys expects a 22 percent rise in profits for this quarter, with a large contribution to that coming from Friendly Susan Doll sales.

設問 10 から 12 は次のレポートに関するものです。
ビジネス・ニュースの時間です。本日の主な話題は、ロスコン・トーイズのフレンドリー・スーザン人形が予想外の人気を博していることです。国内の小売店では、需要に追いつくのが大変です。多くの店では、人形を並べると数日内には在庫切れとなっています。お母さんやお父さんがお子さん達のために、すぐに買って行かれるからです。この現象を説明しようとするアナリストは、人形が広く好かれるのは、にっこり笑っているところ、柔らかい綿でできた表面、そして普通だが暖かみのある表情をしているからだろうと言っています。ロスコン・トーイズは、当四半期にフレンドリー・スーザン人形からもたらされる大きな利益も含めて22%の利益増を見込んでいます。

選択肢の訳

10. このレポートの主な話題は何ですか。
  (A) 若者の教育傾向
  (B) 玩具の価格変動
  (C) ある製品の驚くべき成功
  (D) 家族調査の結果

11. このレポートによると、フレンドリー・スーザン人形の特徴の1つは何ですか。
  (A) 子供達の学習を手助けする効果
  (B) より少ない予算で親に訴える
  (C) コマーシャルにおける特別な展示
  (D) 独特な外側のデザイン

12. ロスコン・トーイズが得るであろう利益はどのように述べられていますか。
  (A) 収益の増加
  (B) さらに大きい市場占有率
  (C) 株価の上昇
  (D) アナリストからのよりよい評価

- □ **unexpected** 形 予期しなかった
- □ **retail outlet** 小売店
- □ **keep up with** 〜に追いつく
- □ **put on display** 展示する
- □ **widespread** 形 広く行き渡った
- □ **ordinary** 形 普通の
- □ **contribution** 名 貢献
- □ **popularity** 名 人気
- □ **run out of stock** 在庫がなくなる
- □ **demand** 名 需要
- □ **phenomenon** 名 現象
- □ **due to** 〜のため
- □ **quarter** 名 四半期

P.157（Q13～Q15）

13. 正解 (C) ★★

解説 電話メッセージの目的は通常最初にあるが、このメッセージではなかなかダイレクトに言いたいことが出てこない。だが、自分に客がありその約束の時間に戻れないと言っていることから、何かをしてほしいのではないかと予測をしながら聞くことが重要。Could you do me a favor? は依頼をする場合の定番表現で、make a personal request と言い換えた (C) が正解。スケジュールのキャンセルはしていないので (A) は誤答。出荷の詳細を述べているわけではないので (B) も誤答。質問に応答するために電話をしたのではないので (D) も誤答である。

14. 正解 (B) ★

解説 自分の居場所については、I'm still on the subway が決め手。(A) の headquaters には約束の時間通りには戻れないと言っていることから、そこにはいないことがわかる。(C) はウイリアムズ氏を待たせたくない場所、(D) は、連れて行ってほしいと頼んでいる場所である。

15. 正解 (D) ★★

解説 いろいろ依頼をしているが、最後に Please call me back と電話を折り返しほしいと言っているので (D) が正解。紅茶とコーヒーの準備は本人がすませているので (A) は誤答。会議をキャンセルしたり、交渉を引き受けるようにとは頼んでいないので (B)(C) は誤答である。

> スクリプト　　　　　　　　　　　　　　　　　　　　　CD 45

Questions 13 through 15 refer to the following telephone message.

This is Becky Miyamoto with a message for Jim Stapleton. Jim, one of our clients, Mr. Williams, is coming over to meet me at 2:00 P.M. I've left the downtown branch office but I'm still on the subway and may not be able to get to headquarters until 2:15 or so. Could you do me a favor? Please escort him up to the main conference room. I'd rather he wait there instead of the lobby because I've already arranged for tea and coffee to be set up there. I want everything to go smoothly at this meeting since his company is considering placing a large new purchase order with us. We've got a lot of negotiations to do with them first, though. Please call me back to let me know you heard this. Thanks a lot.

設問 13 から 15 は次の電話メッセージに関するものです。
ベッキー・ミヤモトです。ジム・ステイプルトンに伝言です。ジム、顧客の1人ウイリアムズ氏が私に会いに2時に来ます。私は、ダウンタウンの支所をもう出たのですが、まだ地下鉄にいて、2時15分過ぎあたりまで本部に戻ることはできそうにありません。お願いがあります。ウイリアムズ氏を主会議室までお連れしてください。ロビーではなく、そこで待っていただいた方がいいと思います。お茶とコーヒーを出す用意をしてあるからです。この会議は万事スムーズに行ってほしいのです。というのも、大口の新しい発注を当社にと考えておられるので。まずは、いろいろ交渉をしなくてはいけないのですが。これを聞いたら、折り返し電話をくださいね。よろしくお願いします。

選択肢の訳

13. この電話メッセージの目的は何ですか。
　(A) スケジュールのキャンセルを発表すること
　(B) 出荷の詳細を述べること
　(C) 個人的な依頼をすること
　(D) 質問に応答すること

14. ミヤモト氏はどこから電話をかけていますか。
　(A) 本部から
　(B) 地下鉄から
　(C) 顧客のロビーから
　(D) 上の会議室から

15. ジム・ステイプルドンは何をするよう頼まれましたか。
　(A) 紅茶とコーヒーを準備する
　(B) 会議をキャンセルする
　(C) 交渉を引き受ける
　(D) 電話を折り返す

☐ **do 人 a favor**　人の願いを聞き入れる　☐ **set up**　〜を準備する
☐ **place an order**　注文する　　　　　　☐ **call back**　折り返し電話をする

Column 3

音読で向上させる英語の基礎体力

・適切な教材を使う

　リスニング力を伸ばすには、大量に英語を聞くことが大切ですが、何でも手当たり次第に聞き流したり、黙って聞いたりしているだけではなかなか伸びません。自分の実力に合っている教材をちゃんと理解して聞くことが大切です。例えば本書で勉強される場合、1回目はTOEICテスト本番のつもりで聞いてどれくらい正解できるか挑戦しましょう。スコアが400前後の方は、Part3から始めましょう。全部音読してもいいですし、間違った問題や、さっぱり聞き取れなかったと思う問題だけを音読してもいいのです。

・理解した教材を音読する

　まずは、CDと一緒にスクリプトを音読してみましょう。読みにくい部分に下線を引いたり、知らない単語や表現に印を入れたりしながら読んでいきます。読み終わったら、訳を参考にしたり辞書を引いたりして、不明な部分がないようにします。それからもう1度CDと一緒に音読してみましょう。その時読まれる速度が速すぎてついていけないと思う人は、CDなしで5,6回は読んでみましょう。スラスラとつかえることなく読めるようになるまで、繰り返して音読することが大切です。

・音読のスピードを上げる

　また意識的に音読のスピードを上げることが重要です。タイマーなどを用いて、時間を意識してみましょう。一緒に勉強できる友達がいる場合は、どちらが速く読み終わるか競争するのもスピードアップに一役買ってくれます。少しずつでもかまいませんので、速く読めるように練習しましょう。自分のスピードが上がれば、CDと一緒に読んでもCDが速いとは思わなくなりますし、練習を積めば自分の方がず

っと速く読めるようになります。こうして自分の音読のスピードを上げると、人が読むスピードは遅く聞こえるようになります。ということは、TOEICの問題がゆっくり聞こえるようになるわけです。

・音読で TOEIC も会話も伸ばす

　ゆっくり聞こえるということは、リスニング力が伸びたわけですから、TOEICのスコアも伸びるでしょう。また聞く力がなければ話すこともできません。逆に言えばリスニング力が伸びれば、スピーキング力も伸びてきます。相手の言っていることをより正確に理解できるようになれば、適切な応答ができるようになりますし、自分の表現力も豊かになっていきます。また音読をしていることで、英語の音声を出すための舌や口、唇の動きなどにも慣れてきますので、英語が口から出やすくなります。TOEICの学習をしながら、英会話の練習も可能なのです。

・いろいろなトレーニング方法を組み合わせる

　音読以外に、英語の基礎体力を鍛える方法にコラムで紹介したシャドーイング、聞いた英語を口頭で繰り返すリピーティング、書き取るディクテーションなどがあります。コミュニケーションの手段として英語を使えるようにするために、好きなトレーニングを組み合わせて必ず毎日行い、英語力を鍛えていきましょう。最後になりましたが、ある大学で音読効果を紹介した時、授業見学に来たネイティブ講師が一緒に英語を読み音読をしました。授業後「1,2回目はかんじゃった。音読を繰り返して上手に読めるようになったよ。音読ってすごい！」と感動していました。そして日本語の練習に音読をもっと積極的に取り入れると話していました。Why not? 私たちもどんどん音読をしましょう。

● 著者紹介

妻鳥千鶴子 (Chizuko Tsumatori)
バーミンガム大学大学院翻訳学修士課程修了(MA)。英検1級対策をメインとするアルカディア・コミュニケーションズ主宰。ケンブリッジ英検CPE、英検1級、TOEIC990点、通訳案内業国家資格(大阪府1236号)など。

松井こずえ (Kozue Matsui)
学習院大学卒業。英検1級、TOEIC990点。大手電子通信機器メーカーを経て、現在アルカディア・コミュニケーションズ専任講師として企業や大学のTOEIC、TOEFL、英検講座などで活躍中。

田平真澄 (Masumi Tahira)
奈良女子大学卒業。企業勤務時代に培った研修・人材育成の経験を活かし、現在アルカディア・コミュニケーションズ専任講師として著作活動に携わり、また、大学のTOEIC講座などでも活躍中。

カバーデザイン	滝デザイン事務所
本文デザイン+DTP	江口うり子(アレピエ)
英文問題作成	CPI Japan
CD 録音・編集	(財)英語教育協議会(ELEC)
CD 制作	高速録音株式会社

TOEIC® TEST PART 3・4　1日5分集中レッスン

平成22年(2010年)7月10日発行　初版第1刷発行

著　者	妻鳥千鶴子／松井こずえ／田平真澄
発行人	福田富与
発行所	有限会社　Jリサーチ出版
	〒166-0002　東京都杉並区高円寺北2-29-14-705
	電話 03(6808)8801(代)　FAX 03(5364)5310
	編集部 03(6808)8806
	http://www.jresearch.co.jp
印刷所	株式会社　シナノ　パブリッシング　プレス

ISBN978-4-86392-021-7　禁無断転載。なお、乱丁・落丁はお取り替えいたします。
© Chizuko Tsumatori, Kozue Matsui, Masumi Tahira 2010 All rights reserved.